「心のクセ」に気づくには
社会心理学から考える

村山綾 Murayama Aya

★──ちくまプリマー新書
418

目次 ＊ Contents

第5章 人は、そもそも予測できない将来はのぞまない——現状肯定の心理

イラスト＝大野文彰

はじめに

- あの人のテストの点数が悪いのは、努力が足りないから。
- 日頃の行いがいいから、遠出する今日は晴れの天気になった。
- 最近悪いことがよく起きるから、そろそろいいことが起こる気がする。
- あの子は勉強はできるけど、運動は苦手そう。

日常の生活を送る中で、ここで書いたように考えたことはありませんか？

こんなふうについ考えてしまうのは、この本のタイトルにあるように、私たちの心にクセがあるからです。本書は、この「心のクセ」を社会心理学の観点からみていきます。

まず、本書における「心のクセ」、「社会心理学」という2つのキーワードと、本書の特徴を簡単に紹介させてください。

「心のクセ」とは、私たち人間がしらずしらずのうちにもっている好みや考え方、ついやってしまう判断や行動のことを指します。クセ、というとなにかしらの強烈な個性（たとえば「クセが強い」など）をイメージする方もいるかもしれませんが、この本の「クセ」はそっちの「クセ」ではありません。

次に「社会心理学」は、心理学（私たち人間の心のありようを理解するための学問）の中の1つの専門領域です。「状況の力」に注目し、実証データの収集、分析を通して人の好みや判断、さまざまな行動の一般的な傾向を明らかにしようとします。

あまり意識されることはないのですが、実は置かれた状況によって、私たちの好み、判断、行動は変わります。たとえば食事の量について。世の中には大食い選手権に出られそうなほどたくさん食べる人もいれば、すごく少食の人もいます。これはいわゆる「個人差」にあたります。一方で、一度の食事でどれだけの量を食べられるかということとは関係なく、たとえば家族や親しい友人と食事をする時と比べて、よく知らない相手との食事では食べる量が少なくなることがあります。置かれた状況、つまり食事相手との関係性が変わると、同じ人物でも食べる量が変わるのです。そして状況による食べる量の違いは、「初対面の人に嫌われたくない、ひとまず印象を良くしたい」、という私たちの「心」が生み出している、とも解釈できます。このように社会心理学では、私たちを取り囲む「状況の力」を意識しながら、人の考え方や行動についてデータを取って調べることに興味・関心があるのです。

この2つのキーワードを説明した上で本書の内容を一言で表現するとしたら、「自分では気づきにくい、ある場面でついうっかりやってしまう、ものの考え方や行動、つまり心のクセ、に気づけるようになるための本」です。私たちの心のクセが、しばしば他人との関係性をギクシャクさせたり、思い違いや行き違いを生じさせたり、またある時は人を傷つけたり、社会の問題を生み出したりするのだということを紹介します。

なぜ私たちは、クラスメイトがテストで悪い点数をとっているのを見たら「勉強不足、努力が足りない」とまっさきに思ってしまうのでしょう（第1章）。事件や事故の被害者に対して「あなたにも落ち度があった」と言って責めるのはなぜでしょう（第2章）。たまたまくじ引きで良い賞品が当たっただけなのに「日頃の行いが良かったからだな！」と考えてしまうのはなぜでしょう（第3章）。「お金持ちってなんだか意地悪で冷たそう」と思っていませんか（第4章）。なぜ、時代にあっていないように思われるルールや制度は、いつまでたってもそのままなのでしょうか（第5章）。これらの疑問に関わる私たち人間の「心のクセ」について、さまざまな研究結果に触れながら説明していきます。

最後の第6章では、心のクセに気づけるようになった私たちが、今後どのように考え、行動していけるのかを思索します。目次を眺めて、興味のある章から読み進めてもらうことも可能ですが、第1章から順番に読んでいくことをイメージして構成しています。また、中学生、高校生など若い方はもちろん、大人の方にもぜひ読んでいただければと思います。

なお、「（社会）心理学」と聞くと、それを学ぶことで目の前の相手を意のままに操るためのテクニックを習得できるとか、目の前の相手が何を考えているか言い当てられるようになると思っている方がもしかするといるかもしれません。残念ながら、それは大きな誤解です。それだとまるで詐欺師や占い師のようです。

なぜこのような誤解が生じるのかとあらためて考えてみると、研究結果の紹介を通して、「自分にも当てはまるからこの研究結果は正しい」、「自分には当てはまらないからこの研究結果は間違っている」、といった感想を抱かれやすいことが関係しているかもしれません。社会心理学の研究は、多くの人に当てはまる、全体としての傾向を示すことに関心がありますが、それをもってすべての人に当てはまる、と言っているわけではありません。また、目の前の人が、その傾向に当てはまるのかどうかを言い当てることもできません。あくまで、「全体的な傾向」について言及しているのです。本書を読み進めるにあたって、この点にはぜひ注意をしてほしいです。

あともうひとつ、誤解を生じさせる原因があるとすると、研究紹介の仕方が関係しているようにも思います。具体的には、「人は○○な時、△△のような判断・行動をする」を典型とする表現や短い（ある意味わかりやすい）説明が、「自分はそうじゃない」「確かにそうだ」という点に注意を向けさせる可能性があるということです。

そこでこの本では、第1～5章のタイトルで「人は……」と表現しつつ、各章で言及する研究が行われた背景や、その研究方法についても、一部ではありますができる限り詳しく説明することを心がけました。社会心理学の分野でよく知られている古典的研究や、私自身が面白い！　と思った研究を中心に紹介しています。

「心」を知るためにデータを取るって、どんなふうにするんだろう？　ということに興味がある方にもきっと楽しんでもらえると思います。また、外国（その多くは欧米）で行われた研究だけではなく、日本で行われた研究や、日本人と他の国の人たちを比較した研究も紹介できるように構成を考えました。読み進めていて興味あるテーマを見つけたら、ぜひ各章の参考図書や、社会心理学の教科書を手にとってみてください。

第1章　人は、「結果」に対する理由がほしい

原因帰属とは

みなさん、最近、自分にとってなにかうまく行った出来事（成功したこと）、うまく行かなかった出来事（失敗したこと）はありますか？　たとえば数学のテストでいい点数をとった、など。学校に遅刻した、のように、うまく行かなかったことが先に頭に思い浮かんだ方もいるかもしれません。急に言われても……と少し困ってしまう方もいるかもしれませんね。どんな些細なことでもかまいません。しばらく時間をとって、思い出してみてください。

思い浮かびましたか？　それでは先に進みましょう。では、その出来事が、「なぜ起こったのか」、理由は考えられますか？　数学のテストで高得点をとったのは、前日に

しっかり予習をしたから？　それともたまたまテストの直前に眺めた問題集の中に同じ問題があったから？　遅刻したのは、夜遅くまでお友達とメッセージのやり取りをしていて寝坊したから？　それともいつも乗っている電車がトラブルで遅延していたから？頭に浮かべてもらった出来事について、実にさまざまな、みなさんなりの「理由」があるのではないかと思います。

この章では、自分自身や他人に起こった出来事（結果）や行為について、私たちがつい理由（原因）を探してしまうこと、そしてその理由を探すときに多くの人が陥ってしまう「クセ」について、説明していきます。この章を読み終える頃には、自分がどれだけこの「クセ」に基づく判断をしていたか、気づくかもしれません。

＊　＊　＊

私たちは日々、さまざまな出来事を経験したり、その出来事のなかで何かの行動に従事したりします。そしてその出来事や行動には、時間的に先行する何かしらの原因があると考えがちです。実際、多くのみなさんが、先ほど思い浮かべた自分に起こった出来事について、もっともらしい理由が頭に浮かんだのではないかと思います。そしてその理由は、自分に起こった良い（悪い）出来事よりも時間的に前の、しかし直近に存在している何か、でしょう。これを最小サイズの原因と結果の関係と考えることができます。

　ところで、先ほど考えてもらった最小サイズの原因と結果の関係は、私たちの生活のごくごく一部を切り取ったものです。つまり、最小サイズの関係の中で「原因」とされたことにも、それが起こる別の「原因」を想定できます。学校に遅刻したのは、夜遅くまでお友達とメッセージのやり取りをしていたからだけれど、メッセージのやり取りが夜遅くまで続いた理由は、そのお友達の恋愛相談にのってあげていたから、のように。

「風がふくと桶屋がもうかる」ということわざを聞いたことはありませんか？　これは、（1）風が吹くと（2）砂埃で目を悪くする人が増え、（3）その結果、目が悪くても奏でることができる三味線の需要が増え、（4）三味線を作るときに必要な猫の皮を手に入れるために猫が少なくなり、（5）そうすると今度は猫の天敵の鼠が市中に増え、（6）その鼠たちが桶をかじり、（7）桶を買い換えなければならない人が多くなり、

風が吹けば桶屋がもうかる

（8）桶屋がもうかる、という一連の流れの（2）―（7）の説明が省略されたものであり、「まったく関係ないように思えることが実はある出来事に影響していた」ことを意味することわざです。ここまで行くとさすがに極端かもしれませんが、少し前に思い出してもらった「出来事」の前には、実は膨大な原因―結果の連鎖が存在しているかもしれません。

しかし私たちには、「風が吹けば桶屋がもうかる」のような、ある出来事のずっと前の、遠い原因を突き止めてやろうという意気込みはあまりありません。意気込みがないというよりは、自分や周りの人に起こった日々の出来事について、じっくり時間をかけて、過去をさかのぼってその原因を探ることはなかなかできないという方が正しいかもしれません。なぜなら、私たちは他にもいろんなことを考えたり、何かの用事や課題を終わらせなければならなかったりと忙しいからです。勉強、部活動、遊び、仕事、家事、育児……現代に生きる私たちは、毎日毎日何かに追われています。

その一方で、身の回りで起こった出来事の「もっともらしい原因」については知りたい気持ちがあります。原因がわかればなんだかスッキリして、次にすすめるような気がしませんか。原因がわかれば、その出来事をコントロールできる、と思えるかもしれません。つまり私たちは、ある出来事が起こった原因について、深く考える余裕はないけれど、なぜそれが起こったのかは自分なりに理解しておきたい。そういう特徴を持っているのです。

このように、自分や他人が経験した出来事（特に成功・失敗）や、自分や他人の行動の背景にある原因を推測したり判断したりするプロセスは「原因帰属」と呼ばれ、社会心理学的な研究が進められてきました。帰属という言葉は少し難しく聞こえるかもしれませんが、帰属意識（ある集団や組織に所属しているという感覚）で使われる「帰属」と同様、何かに属する、という意味です。したがって、原因帰属は、起こった出来事の原因を、何に求める（所属させる）か、というような意味だと考えてください。ここからは、自分や他人に起こった出来事、他人の行為や反応に焦点を当てて、私たちの原因帰属の特徴を見ていきましょう。

「テストでいい点数が取れた理由」――内的帰属と外的帰属

原因帰属について詳しく説明していくにあたって、２つの重要な帰属のタイプ――内的帰属と外的帰属――を最初に紹介しておきます。

内的帰属とは、出来事や行為の原因を、その出来事を経験した人やその行為をした人自身に求める形の帰属です。一方で外的帰属とは、ある出来事や行為の原因を、その人が取り囲まれている環境に求める形の帰属です。これだけではよくわからないでしょうから、冒頭で取り上げた「数学のテストで高得点を取った」を例にして考えてみましょう。高得点を取ったという出来事に対して、「私は能力があるから」のように、自分自身の性質や特徴を原因とするとき、あなたは内的帰属を行っています。そして、「テストの直前にたまたま見返した部分がそのまま出題されたから」のように、自分を取り囲む環境や偶然性の高い先行要因を原因とするとき、あなたは外的帰属を行っています。

学校の成績を対象として成功や失敗の原因を考えるとき、内的帰属の典型的なものとしては、先ほどの例でも挙げた能力や努力があります。ここでの「能力」は自分の力で上げたり下げたりすることが難しい、その人がもともと持っている性質を指すと考えてください（能力の定義は研究や分野によってさまざまありますが、この本では、みなさんが「能力が高い人」と聞かされたときに頭の中にイメージするような人がもっている要素、として理解していただいてかまいません）。努力の方は、自分でやったりやらなかったり（その程度を上げたり下げたり）を決めることができるものと考えてください。いずれにせよ、能力も努力も個人の内側に存在するという点では共通しています。

外的帰属の典型例としては、取り組む課題の難しさや運が挙げられます。テスト内容が全体的に簡単であれば良い点数が取れますし、難しかったら点数は悪くなります。たまた直前に見返したところが出題された（から良い点数が取れた）という場合は、運が良かったと捉えられるでしょう。いずれの原因も、自分ではコントロールすることができないという意味で個人の外側に存在するものであると解釈できます。

内的・外的帰属の違いがわかった上で、あらためて、この章の最初に思い出してもらった自分にとってうまく行った出来事、もしくはうまく行かなかった出来事の原因を思い出してみてください。それは内的帰属でしょうか。それとも、外的帰属でしょうか？原因帰属の研究が始まった初期の頃は、人は自分自身や他人に起こった出来事や行為の原因を、その人自身の内的で安定した要因に求めやすいことが注目されました。テストで悪い点数をとったのは努力が足りないから。テストでいい点数を取ったのは能力が高いから。このような内的帰属をした経験はみなさん少なからずあるでしょう。

さて、これから本格的に原因帰属のプロセスを考えていくにあたって、「出来事」、「行為」、そして「反応」の3つの言葉を内的／外的帰属の観点から少し整理しておきます。

「出来事」とは、自分や他者（社会心理学の研究分野では「他人」のことを通常「他者」と呼びます。ここからはこの言葉を使うことにします）に起こった何かのことを指します。その「何か」は、たまたま、偶然、自分の予想と反した状況で起こることもあります。ゆえに、自分や他者に起こった「出来事」の原因帰属には、外的な要因の効果が一定以上見込まれる可能性が高いと言えるでしょう。次に「行為」は、自分や他者の発言や動作など、意識的に身体を動かすことでなされるものです。したがって、そこには行為者自身の能動性がイメージされやすいと言えます。結果として「行為」の原因帰属は、行為者の内的な要因の効果が大きく見積もられることが予想できます。最後に「反応」（例：緊張している様子）は、何かの出来事（例：授業中に指名された）に応じて生じます。何かによって引き起こされる、という意味で、「反応」には外的な要因の影響が一定程度見込まれうると捉えられます。

以上が本書で扱う3つの言葉の定義ですが、何が言いたいのだろうと不思議に思った方もいるかもしれません。ここでみなさんにお伝えしたいのは、「出来事」、「行為」、「反応」のうちのどの言葉を使っていても、外的要因、内的要因の両方が原因帰属として用いられはしますが、これら2種類の要因の影響力（バランス）がそれぞれ少しずつ違っているということです。たとえば「行為」は、「出来事」や「反応」と比べて原因帰属において内的要因の影響力が強くなる可能性が高いでしょう。以降では、このようなイメージの違いを前提として、3つの言葉を必要に応じて使い分けながら議論を進めていきます。

内的帰属・外的帰属の分かれ道——ケリーの共変動理論

前述の通り、私たちは内的帰属を行いやすいのですが、もちろん外的帰属が行われる場合もあります。その違いはどこにあるのでしょうか？　いくつかの条件がそろえば、むしろ外的帰属の方が行われやすくなります。「テストで悪い点数をとったのはテストが難しかったから」は典型的な外的帰属ですが、みなさんもこのような理由付けをした経験は少なからずあるでしょう。

では、内的帰属、外的帰属のどちらを行うかはどのように決まるのでしょうか。社会心理学者たちは、原因帰属の研究をすすめる中で、帰属のされかたに影響する要因を説明しようとしてきました。ここでは、さまざまな状況で活用できそうな、他者に起こった出来事や行為に関わる情報を切り分けてひとつひとつ検討していく手法を提唱したケリー（Kelley, 1973）による共変動理論を紹介します。

共変動理論は、自分や他者に起こった出来事、自分や他者の行為や反応に関わるいくつかの要素が、それらを見た人（または経験した本人）によってどのように認識されるのかが重要であるとします。具体的には、以下の3側面に注目します。

（1）観察された出来事、行為や反応の「**一貫性**」

（2）その他の刺激を対象とした場合との「**弁別性**」

（3）他の人たちに起こった出来事や、行為、反応との「**合意性**」

ここからは他者に起こった出来事である「あなたの友人のあおいさんが数学のテストで悪い点数をとった」に的を絞って、この3つの側面がどのように機能しているのかを順番に理解していきましょう。

まず、（1）**一貫性**とは、観察された出来事や行為が、状況の違いに関係なく起こるものかどうか、に関する側面です。あおいさんが数学のテストでいつも悪い点数をとっているのであれば一貫性が高く、いつもは成績がいいのに今回に限って点数が悪い場合は一貫性が低いことになります。

次に（2）**弁別性**です。弁別性とは、観察された出来事や行為が、その対象に対してのみ見られるのかどうか、に関わる側面です。あおいさんが数学のテストだけで点数が悪く、英語や国語では成績が良いのであれば弁別性が高く、数学も英語も国語も成績が悪いのであれば弁別性が低い、ということになります。

最後に（3）**合意性**について説明します。合意性とは、周囲の人たちと、観察対象となった人物に起こった出来事や行為がどの程度一致しているかに関わる指標です。あおいさんや彼女のクラスメイトの大半が数学のテストで悪い点数をとっていたとしたら合意性が高く、あおいさんだけが数学のテストの点数が悪い場合は合意性が低いと判断されます。

それではこの3つの要素の高低がどのような組み合わせになったらどのような帰属が

行われるのでしょうか。

内的帰属が行われるのは、あおいさんが小テストでも定期テストでも常に数学の点数が低く（一貫性が高く）、国語や英語など、どんなテストでも点数が低く（弁別性が低く）、クラスの中であおいさんだけが数学の点数が低い（合意性が低い）ときです。つまり、「あおいさんが数学のテストで悪い点数をとった」ことは、あおいさん自身の努力の足りなさ（あおいさんは勉強不足）や能力（あおいさんは勉強ができない）、性格（あおいさんは不真面目）に帰属されます。

一方で、いつもは数学の成績がいいのに今回だけ点数が低く（一貫性低）、英語や国語ではいい点数をとっていて（弁別性高）、数学の点数が悪いのはあおいさんだけではない（合意性高）場合、「あおいさんが数学のテストで悪い点数をとった」原因は、たとえば「今回の数学のテストは難しかった」など、外的な要素に帰属されます。

また、あおいさんはいつも数学の点数が低いけれど（一貫性高）、他の科目ではいい点数をとっていて（弁別性高）、数学の点数が悪いのはあおいさんだけではない（合意性高）、という場合も、数学のテストを作っている先生の出題の仕方や教え方に問題があるとか、数学という科目自体が他の科目に比べて難しいのだ、というように、あおいさん以外の別の外的な要素に原因が帰属されます。

このように、私たちは他者に起こった出来事や行為に対してしらずしらずのうちに3つの要素に基づいて分析を行い、外的帰属をするか内的帰属をするかを考えている、ということになります。私たちが普段なにげなく行っている原因帰属も、このように要素ごとに分解、理解していくと、新しい発見があるかもしれませんね。あなたが観察した誰かの行為は、いつも見られるものですか（一貫性）？　他の対象に対しても同じような行為が見られますか（弁別性）？　そして、その人だけがそれをしますか（合意性）？　一見複雑に見える事象を要素に分解して理解しようとする考え方に慣れておけば、もう少し後で説明する「誤った原因帰属」を防げるかもしれません。

一期一会の原因帰属

ここまで読み進めたところで、ある疑問が頭に浮かんだ方もいるでしょう。「長年付き合いのある友人や家族であれば、一貫性や弁別性について判断できるかもしれないけれど、知り合って間もない人や、電車やお店で偶然出会った人に起こった出来事とか行為にも原因帰属ってするよね?」と。そういう場面では私たちはどのような手がかりをもとに原因帰属をするのでしょうか? ――答えは、「これまでの経験で学習してきた、さまざまな因果関係に関する知識」です。ケリーはこれを因果図式(他者に起こった出来事や他者の行為の背景に2つ、もしくはそれ以上の原因を想定し、その組み合わせの効果に応じて帰属の仕方が決定されるという考え)と呼びました。

因果図式にはさまざまなパターンが考えられます。あるテニス選手がウィンブルドン選手権で優勝した場面を考えてみましょう。直接の知り合いではなく、実際に会ったこともない、テレビで見ただけの「他者に起こった出来事」です。ご存じの方も多いでしょうが、ウィンブルドン選手権はプロテニス選手の多くが憧れる世界最高峰のテニス大会の1つです。この大会で優勝する選手というのは、きっと身体能力の高さといった、もともとの才能に加えて、強くなるための努力を惜しまない人に違いない。才能と努力のおかげで優勝したんだ――なかば断定的に優勝の原因を自分の頭の中で描き、納得する――こんな経験はないでしょうか。これは実は、経験を通して多くの人に身についている、「難しい課題を達成するには、才能と努力の両方が必要だ」、という因果図式に基づく原因帰属なのです。

では、優勝した選手は、大会の数週間前に起こった不慮の事故によって怪我をして、その復帰戦だった、という情報が追加で与えられたとしたらどうでしょう。努力をする時間を十分に取れなかった可能性を示唆する情報を得ると、才能の要因の効果がより強調されることがあります。これを割増原理（経験上、2つの原因が組み合わされないと生じないような出来事が、1つの原因だけで生じているように見える場合、その原因の効果がより強く認識される）と呼びます。スポーツ観戦において、このようなケースはしばしば感動をもたらします。観客は「とんでもない選手だ！　これぞテニスの申し子だ！」と興奮気味にこの話題を消費するでしょう。しかし優勝した選手本人からすれば、怪我で動かせない身体の部位がありながらも、過去の試合のデータ分析や、動かせる部位の筋肉トレーニングなど、より一層「努力」をしていたのに、と世間からの評価のズレを感じてしまうかもしれません。

割増原理に加えて、割引原理（もっともらしく、目立った原因がある場合、他の原因の効果が認識されにくくなる）もあります。わかりやすい例として、いわゆるバイリンガルと呼ばれる人たちが2カ国語を流暢に操る背景に関する原因帰属が挙げられるでしょう。私たちは日本語も英語もネイティブスピーカーレベルで使える人たちをテレビ等で目にする機会があります。もしかするとバイリンガルの知り合いがいる読者もいるかもしれません。2カ国語を流暢に操る人たちの中には、両親の一方が日本語、もう一方が英語を母国語とする家族構成の人や、小さい頃から家族の事情で日本ではなく英語圏の国で暮らしていたという人がいます。こういった家族構成や生育環境は、2カ国語を話せるようになる原因の中でも、能力や努力のような、その人自身の内的な要因ではなく、「運」のような偶然性の高い、外的な要因として位置づけられます。

2カ国語を流暢に操れるようになるには、本人の動機づけや努力が必要不可欠です。たとえ同じような環境にいたとしても、どちらか一方の言語のみが得意になるケースは多々あります。にもかかわらず、バイリンガルの人たちは、努力のような内的要因が割り引かれてしまい、「いいなぁ、ラクに英語も日本語も話せるようになれて」と外的要因を重視する原因帰属をされてしまいがちです。移住して数カ月は、英語がまったくわからず毎日泣きながら学校に行っていた、もう二度とあんな経験はしたくない、という方も多くいるでしょう。

「一期一会」の原因帰属をあらためて振り返ってみると、私たちは他者に起こった出来事や、他者の行為の原因について、曖昧な部分をかなり推測に頼っていることがわかります。原因帰属を行うために推測で補ったパーツが真実かどうかは、当事者に確認するとか、ニュースで当事者のコメントを見るといった機会がない限りはわかりません。

推測は、主にこれまでの経験や知識を使って行われますが、概して自分にとって都合の良い、つまり自分の自尊心（自分は価値のある人間だ、と考える気持ち）が傷つかない形で行われがちです。こう説明すると「人間って自分勝手だなぁ」と思うかもしれませんが、誰だって、この世界に自分が生きていることに価値や意味を見出したいものです。また、ものごとの原因を理解したいという思いも、人の好奇心や複雑な認知機能があってこそです。

しかし、自分を傷つけないようにするのは仕方ないとして、他人を傷つける原因帰属は極力避けたい、という人も多いはずです。自分にとって都合の良い原因帰属にはいくつか典型的なものがあるので、これから見ていきましょう。パターンを知っておけば、誤った原因帰属に気づくチャンスも増えるに違いありません。

誤った原因帰属のパターンを知ろう

人間の判断にはさまざまなバイアス（先入観）が伴うことは多くの研究から明らかになっていますが、ここからは原因帰属に関わるバイアスに注目し、順番に理解していきましょう。私自身もこれから示す誤った原因帰属を何度もした経験があります。また、家族や友人が誤った原因帰属をしている場面を目にすることも多々ありました。いくつか例も挙げますので、みなさんも自分自身や近しい人たちのことをぜひ思い出しながら読み進めてみてください。

少し前に、本章で扱う「行為」という言葉の定義を紹介した時にも触れましたが、私たちは他者の行為を、行為者の能力や性格などの内的な要因に帰属しやすい傾向にあります。これを根本的な帰属のエラーといいます。対応バイアスと呼ばれることもあります。このエラーが起こる大きな理由は、私たちができるだけ労力を割かずに他者の行動の原因を考えようとするからです。他者がおかれた環境といった外的な要因の存在や、それらが他者の行為に及ぼす効果を確認するには時間が必要です。人は極力自分の認知的資源（頭の中でいろいろ考える時に消費するエネルギーのようなもの）を使わず、短い時間で素早くものごとを理解したがるクセがあるため、しばしばこのような外的要因の検討を行わずに、行為の原因を内的要因に求めようとしがちなのです。

一般的に見られる反応や行為と異なるケースを観察した場合、つまり、ケリーの共変動理論における合意性が低いと思われる他者の行為は、一貫性や弁別性の検証がなされていないにもかかわらず、内的帰属が行われやすいということもあります。並んでいる列に割り込む、筆箱を忘れた隣の席の人に鉛筆を貸してあげないなど、規範やルールの範疇（はんちゅう）に収まらない行為は必然的に合意性が低くなります（なぜなら多くの人が守るべきものが規範やルールとされるからです）。そのため、「自分勝手な人だ」、「意地悪な人だ」のように内的要因に原因を帰属させる傾向が顕著になるのです。

私がよく犯していた根本的な帰属のエラーの例としては、スーパーや公共交通機関などで泣いて大きな声を出している自分の子どもに何も反応しないお母さんやお父さんに対して「冷たい親だな」とつい親の側の内的要因に原因帰属していた、というものがあります。もしかすると子育てに疲れ果てた状態なのかもしれませんし、あえて反応しないことで子どもが自分の力で落ち着くように待ってあげているのかもしれません。実際に自分が子育てをしたり、子育てをしている人を間近で観察する機会が増えてくると、次第に観察された行動のみに基づく内的な原因帰属が少なくなり、さまざまな原因が存在しうる可能性に思いが至るようになりました。ある特定の場面（私の場合、育児）に関わる経験や知識、類似場面を対象とした観察回数の増加は、内的要因にのみに原因を求め、ネガティブな印象を持ってしまうようなことの抑制につながるでしょう。

自尊心を守るために陥りがちな原因帰属には、利己的帰属バイアス、つまり、自分自身の成功は能力や努力などの内的要因に、失敗は運や課題の難しさなどの外的要因にその原因を求めるというものがあります。みなさんもこれまでの人生で多少ならず経験しているかもしれません。失敗して傷つきたくない、成功して褒められたい、という思いは年齢を問わずに多くの人が抱くでしょう。

我が家の小学生の息子たちも頻繁に利己的な原因帰属をします。ちょうどこの前、裁縫の玉止めと玉結びの宿題中に聞こえてきた息子の発言を紹介します。針に糸を通して、玉止めをし、教材の布を使って玉結びの練習をしていたのですが、初めての挑戦なこともあり一向にうまくいきません。その時に彼の口から出てきたのが「なんだよもう！針と糸が不良品だ！」です。そしてしばらく格闘した結果、無事に玉結びに成功すると、「できた！　俺は天才だ！」と満足げに言いました。典型的な利己的帰属バイアスに、ついつい笑ってしまったものです。大人はさすがに、こんな短時間のうちに異なる方向の都合のいい帰属をしてしまうことはないでしょうが、どちらか一方だけであれば珍しくはありません。

帰属の文化差

他者の行為の原因をどのような割合で内的／外的要因に求めるのかには、文化差があることも示されています。ここからは、原因帰属の文化差を明らかにしたミラー（Miller, 1984）の研究の一部を紹介します。みなさん、アジアの人たちと北米の人たちのどちらが他者の行為に対して内的帰属を行いやすいと思いますか？　まずは予想してみて、それから読み進めると面白いかもしれません。

ミラーは、インドとアメリカの2つの国で、大人と子ども（8歳、11歳、15歳のグループ）を対象に研究を行いました。研究参加者に、「あなたがよく知っている人の最近の行動で、あなたが間違っていると思ったこと（逸脱行動）、あなたが良いと思ったこと（向社会的行動）を教えてください。（いずれも意図的な行為に限定し、習慣のような行動は除外しています）」と尋ね、その後、なぜその人がその行為をしたと思うかについて回答を求めました。そして、参加者が回答した他者の逸脱行動、向社会的行動の原因に関わる発言部分を対象として、内的帰属と外的帰属がされていた割合を算出しました。発言内容の分類は、ミラーに加えて、研究協力者のアメリカ人、インド人によって行われ、客観性が一定以上に保たれていることを確認しました。算出した値を、文化、年齢、行動の種類ごとに示した結果が図1-1（内的帰属）、1-2（外的帰属）になります。

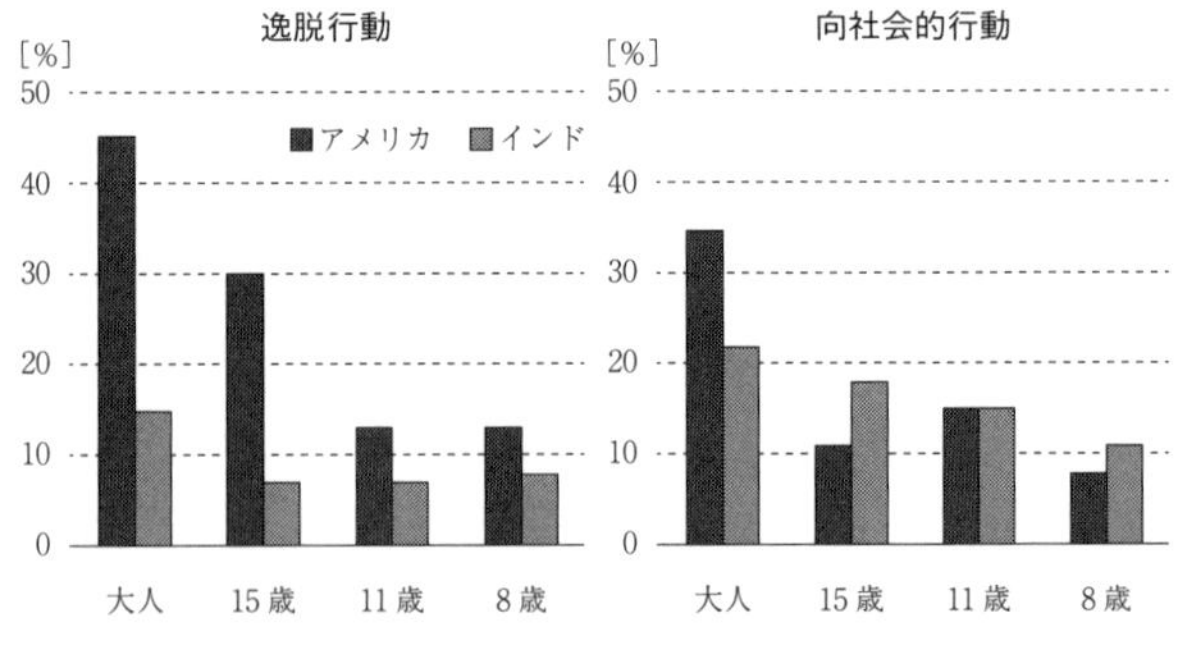

図1-1　年齢、文化ごとの内的帰属の割合

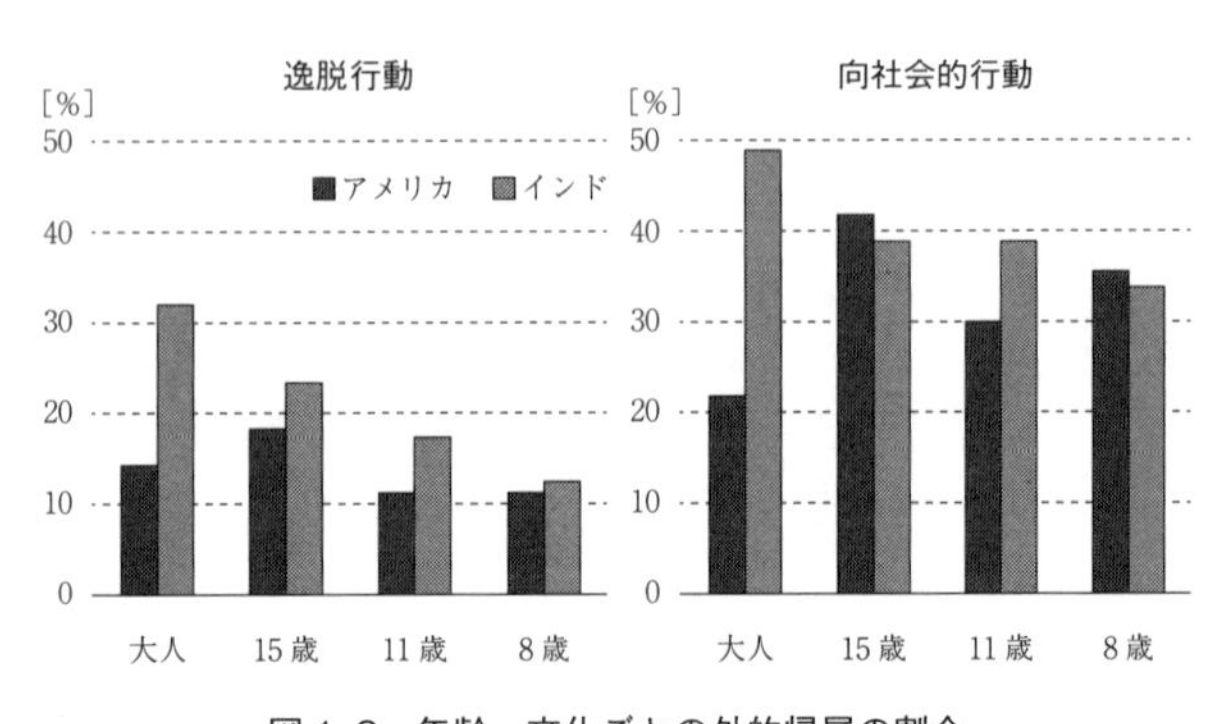

図1-2　年齢、文化ごとの外的帰属の割合

それぞれの図が示していることについて、詳しく説明をしていきます。まず、内的帰属を対象とした比較を見てみると、大きく2つのことがわかります。

1つは、年齢が上がると、アメリカ人の方がインド人よりも他者の行動の原因を内的要因に帰属しやすいこと、そしてその傾向は逸脱行動でより顕著に見られるということです。内的帰属の多くは、その人物の能力や好みというよりは、性格に言及するものでした（例：「その人が親切だから」）。また、逸脱行動では、アメリカ人の大人が示した原因の実に40％以上が内的要因に言及しています。一方、インド人では20％に満たない程度です。規範やルールの範疇に収まらない、合意性が低く見積もられるような行動は内的要因に帰属されやすいという話は根本的な帰属のエラーの説明でも触れました。そのような傾向は、アメリカ人で特に見られる可能性があると言えるでしょう。

では、行動の原因を環境や状況といった外的な要因に帰属した割合は文化によってどのように違うのでしょうか。結果のパターンは、図1－1と逆であることがわかります。つまり年齢が上がるにつれて、インド人の方がアメリカ人よりも他者の行動の原因を外的な要因に帰属しやすかったのです。向社会的行動では、インド人の参加者が説明した行動の原因の約半分が外的要因に帰属されていました。社会的な役割ゆえの行動であるとか、その行動に関わる他者との関係性ゆえの行動であるという形で原因が説明されている傾向があったと報告されています。

インドとアメリカで、他者の行動の原因帰属の仕方が異なることがわかりましたが、その背景要因には思考スタイルや自分についての認識の仕方(自己観)の違いが想定されています。

アメリカを含む西洋の文化では、さまざまな事象は相互に独立しているという見方が広く受け入れられています。原因帰属を行う際も、その時に観察可能な「最小サイズの原因と結果の関係」に注目します。また、自分自身の存在を周囲の環境と切り離して理解します。つまり自分は、周囲からは独立した、主体性を持った唯一無二の存在であると考えているのです。そのため、他者の行動に対しても、その人自身の独自の特徴が反映されたものだと考える内的帰属が行われます。

一方で、インドや日本を含む東洋の文化では、さまざまな事象はお互いどこかで、何かしら関連しあっているという見方が広く受けいれられています。そして、周囲との関係性や、自分が所属する集団が、現在の自分を作り上げているのだという認識をもっています。ゆえに、他者の行動も、その人の社会的な役割や、ある種の「制約」が反映されたものだと考え、外的帰属が行われやすいということになります。

このような文化の違いを実感するためには、「20の私」という課題に挑戦してみるといいでしょう。この課題は「私は　　　。」の空欄に入る言葉を20個書き出してみるというものです。最初の5個くらいはわりとすぐ思いついても、なかなか20個は挙げられないという人が多いようです。みなさんは20個書き出せますか？

日本を含むアジアの人たちは、「私は高校生」とか、「私は女性」のように、社会における自分の役割や、周囲との関係性の中での自分の立ち位置といった、外的な要因に関わる特徴を挙げる傾向が見られます。アメリカ人では、「私は優しい」、「私は数学が得意」といった、個人の資質や能力といった内的要因を挙げる人が多いです。さて、みなさんはどうでしたか？

アスリートの試合報道における日米の違い

原因帰属の文化差はメディア報道の特徴にも見られるようです。ここからは、マーカスたち（Markus, et al., 2006）が行った研究の方法と結果を見ていきましょう。

この研究では、２０００年夏のシドニー大会と２００２年冬のソルトレイクシティ大会に出場したオリンピック選手、合計３４２名についてのテレビ、新聞報道の内容を日米で比較しました。選手のうち日本人では28・６％、アメリカ人では20・８％がメダリストでした。分析対象としたのは、選手自身の発言に加えて、コメンテーターの発言やインタビューの内容などです。メダルを獲得できた理由（勝因）や、なぜ優勝が期待されていたのにメダルを逃してしまったのか（敗因）など、選手のパフォーマンス（結果）の原因が話題の中心になると予想できます。

発言内容に応じて分類した結果、どちらの国でも選手の個人的特徴についての言及が比較的多かったのですが、アメリカの報道は、個人的特徴（例：彼女はメンタルの強さゆえに勝利したのだ）に加えて能力（例：彼女たちは素晴らしい競泳バタフライ選手）に関する言及の割合が、日本の報道よりも多いことがわかりました。一方で、日本の報道でアメリカの報道よりも多く言及された内容は、選手の生きざまや経験（例：小学校から柔道を始め、以来ずっとオリンピック出場を夢みてきました）、家族や友人、コーチからの激励（例：彼のコーチは、とにかく最善を尽くせ、と声をかけました）、感情状態（例：柔道人生で最高の気分）、パフォーマンスに対する評価や反応（例：今までで一番の試合運び）といった、選手に関わる周辺情報でした。

この分析結果を参考にして、続く研究で、マーカスたちはオリンピックを目指す架空の選手のストーリーを作りました。ストーリーには、選手の個人的特徴やユニークさ、生きざまや経験、コーチやチームメイト、家族のことなど、いくつかのトピックが含まれていました。そのストーリーを日本人とアメリカ人の研究参加者に（日本人には日本語で、アメリカ人には英語で）読んでもらい、メディアで報道されるべきトピックについて、ストーリーの中から選ぶように伝えました。そうすると、アメリカ人の参加者では、選手の個人的特徴やユニークさについて報道で触れるべきと考える人が日本人の参加者よりも多いことがわかりました。つまり報道を消費する側も、アメリカ人では選手の個人的特徴やユニークさに触れることが重要であると考えていたのです。

この研究はいくつかの示唆を段階的に与えてくれます。メディア報道は、視聴者が興味をもつ内容をできる限り扱おうとするでしょう。なぜなら、その方が視聴率や購読数が上がるからです。また、報道の対象となるアスリートは、自分がその時に思ったこと、感じたことを率直に発言するでしょうが、同時に、自分がどのような役割を期待されているのかを踏まえた、ロールモデル的な発言も行うと考えられます。つまり、それぞれの文化において、情報の消費者が耳にしたい、目にしたい内容が優先的に発信されると予想できます。

その結果が、アメリカでは個人の資質や能力に注目した、内的な要因を中心とした報道であり、日本では選手を取り囲む環境に注目した、外的な要因を中心とした報道になっているわけです。私たちの行動もまた、私たちが暮らす社会の価値観や期待を少なからず反映したものになっているのでしょう。

このことを踏まえると、他国の選手にインタビューをしたり、選手が他国の記者やコメンテーターからインタビューを受けたり、私たちが視聴者としてそのような情報を消費したりする時には、それぞれの文化で求められる質問内容や、期待される発言内容が違う可能性があるということをあらかじめ認識しておくと良いですね。

たとえば日本では、アスリートに対して、パフォーマンスに関わる資質や能力に関することではなく、アスリートのこれまでの経験や、家族との関係性について尋ねる場面をよく目にします。しかしそのような質問を別の文化で暮らすアスリートに対してしてしまうと、「なぜそんな質問をするのだろうか」と不思議に思われたり、うまくコミュニケーションが取れなかったりする可能性があります。うまくコミュニケーションが取れなかったとその場で認識できればまだいい方で、もしかしたらずっとお互いの意図を理解できないまま終わってしまうことも考えられます。

逆に言えば、文化によって、自分や他者に起こった出来事や行為、反応の帰属のされ方や、期待される質問やそれへの回答の仕方に違いがあることを十分に理解しておけば、より良い異文化間コミュニケーションにつながるかもしれません。オリンピック選手へのインタビューに限らず、その他の場面においても活用できそうですね。どんな場面で活用できそうか、ぜひ考えてみてください。

まとめ

第1章では、自分や他者に起こった出来事や、何かしらの行動、反応が生じた原因を考える時の私たち人間の特徴や、文化による原因帰属の違いについて説明をしてきました。帰属のクセの背景には、原因を理解したつもりになってスッキリしたい、自分が傷つくのを極力避けたい、私たちを取り囲む社会や文化からの期待に応えたい、など、さまざまな要素の影響が想定できます。続く第2章では、私たちが社会に対して求める秩序としての因果の法則に注目し、その法則を信じ、暮らすことの利点や弱点について考えていきます。

第2章　人は、秩序ある社会への強い想いを抱く——公正世界理論とは

「はじめに」で説明したように、社会心理学は、個人の行動がその人の置かれた環境から影響を受けることを前提とし、そのような「状況の力」に注目する学問です。みなさんの振る舞い（行動）は、状況によって変化するはずです。たとえば、知らない人ばかりの場所では、家族や友人と一緒にいる時よりも控えめな言動をしませんか？　わが家の子どもたちも、家では大声を出して騒がしいですが、授業参観の日の授業中や電車の中ではそれなりにおとなしく振る舞います（あくまでそれなりに、ですが）。

第2章では、まずこの「状況の力」を扱った社会心理学の古典的な研究のひとつである、ミルグラム（Milgram, 1974）の「権威への服従」実験を紹介します。そしてこの研究からヒントを得たラーナーによって提唱された「公正世界理論」の説明へと進みます。

私たちは自分が暮らす社会や世界に対して、「努力は報われる」にみられるような、ある種のシンプルな因果法則を期待します。一方で、その法則に沿わない出来事に巻き

込まれた人たちを目にすると、その人たちを非難したり、自分から心理的に遠ざけたりしようとします。なぜでしょうか。その背景にある「心のクセ」を考えていきます。

「私はただ上官の命令に従っただけ」――権威への服従実験

第二次世界大戦中のナチス・ドイツの政府高官であったアドルフ・アイヒマンは、ユダヤ人の大量虐殺に関わった罪で、１９６０年に逃亡先のアルゼンチンからイスラエルに連行され、翌１９６１年には裁判が行われました。その際アイヒマンは、「私はただ上官の命令に従っただけ」といって無罪を主張しました。何百万もの人たちを強制収容所に移送し、その命を奪ったにもかかわらず、ただ命令に従っただけと言われても、多くの人は納得しないでしょう。実際この発言を聞いたほとんどの人は、この発言を単なる責任逃れに過ぎないと理解したはずです。

また、このような戦争犯罪に関わる人たちには、権威主義的なパーソナリティや、他者への共感性の欠如といった個人的特徴があるのではないかと考えられました。つまり、その人自身に原因がある、前章の表現を使えば、内的帰属がなされたのです。しかしながら社会心理学者のミルグラムは、アイヒマンの発言について少し立ち止まって考えました。ごくごく一般的な市民であっても、アイヒマンと同じような状況に置かれたら、「上官の命令に従って」他者を傷つける行為に加担することもありうるのではないか、と。そこから、権威への服従実験が展開されます。裁判を受けて1961年から始まったこの実験の内容を詳しく追ってみましょう。

ミルグラムは、実験実施にあたって「記憶と学習に関する科学研究への参加者求む」、と書かれた新聞広告を通して参加者を募集しました。社会心理学の研究では、研究の真の目的を事前に伝えずに参加者を募集し、実験に参加してもらうケースがあります。これはできる限り「普段どおりの」参加者の行動データを記録したいという考えに基づきます。新聞広告に「権威への服従実験への参加者求む」、と書いてしまったら、おそらく参加者たちは心の準備をしてしまうでしょう。ただしデータを取り終えたら、必ず、速やかに、研究の真の目的を伝えなければなりません。この研究でも実験終了後、研究の真の目的（人は権威に服従するかどうか）が説明されています。

ミルグラムの実験のイメージ

実験には20～50歳の男性が参加しましたが、彼らの職業は郵便局員、教師、セールスマンなど、ごくごく一般的なものでした。実験室に到着した参加者は2人1組で実験参加すること、教師役か生徒役のいずれかに割り当てられることを実験者から伝えられました。実際のところ、参加者は常に教師役になるようにあらかじめ決まっていました。生徒役は研究協力者（いわゆるサクラ）であり、事前の説明やトレーニングで身につけた決まった反応や行動を、真の実験参加者にはそうとは悟られずに演じる人だったのです。教師役に割り当てられる真の実験参加者は、もちろんこのことについては一切知りません（たまたま教師役に割り当てられたと信じています）。

実験では、生徒役があらかじめ用意された課題を行います。そして誤答するたびに、教師役は生徒役に電気ショックを与えるための機械のスイッチを押すように実験者から指示されます（実はこの機械はただの箱で、実際に電気ショックは流れません。生徒役は、あたかも電気ショックを受けているかのように演技をしているだけです）。誤答の数に応じて電気ショックも強まり、最大450ボルトのショックを与えられるようになっていました（繰り返しますが、実際には電流は流れていません）。

みなさん、450ボルトの電気ショックがどの程度か、想像できますか？　電気ショックを与えるために用意されていた機械には説明が印字されていて、450ボルトの少し手前で「DANGER：SEVERE SHOCK（危険：激しいショック）」の表記、そしてその次には「XXX」と示されていました。危険のさらに上、ということは、場合によっては命に関わるのではないかと参加者が認識するに十分な状態だったと言えるでしょう。

最初の実験では、生徒役のサクラは別室で課題をこなすことになっていました。したがって、真の実験参加者である教師役は生徒役が電気ショックを受けて痛がっている様子は見えませんし、中止を求めるような発言も聞こえてきません。ただし300ボルトのスイッチを押した段階で、生徒役が部屋の壁を叩(たた)いているような音が聞こえてくるようになっていました。そして、それ以降、生徒役の回答は教師役と実験者がいる部屋に表示されなくなり、生徒役がいる部屋の方からの音も聞こえなくなります。

このような状況に置かれると、本当に続けていいの？　大丈夫？　中止したほうがいいのでは？　と心配になりますよね。このような反応を実験参加者が示すと、実験者は「お続けください」とすかさず要請することになっていました。この要請に対して、いやしかし、私は押したくない、と伝えても、実験者は「続けてもらわないと実験になりません」と返します。それでもなお、スイッチはこれ以上押せないと伝えても、「続けてもらわないとこちらも困ります」とさらなる要請が行われます。それでもなお、実験参加者がスイッチを押すことに抵抗した場合は、「これ以外の選択はないのです。絶対に続けてください」と要請しますが、この4回目の要請に対しても抵抗があった場合に、ようやく実験を打ち切る、という計画で実施されました。

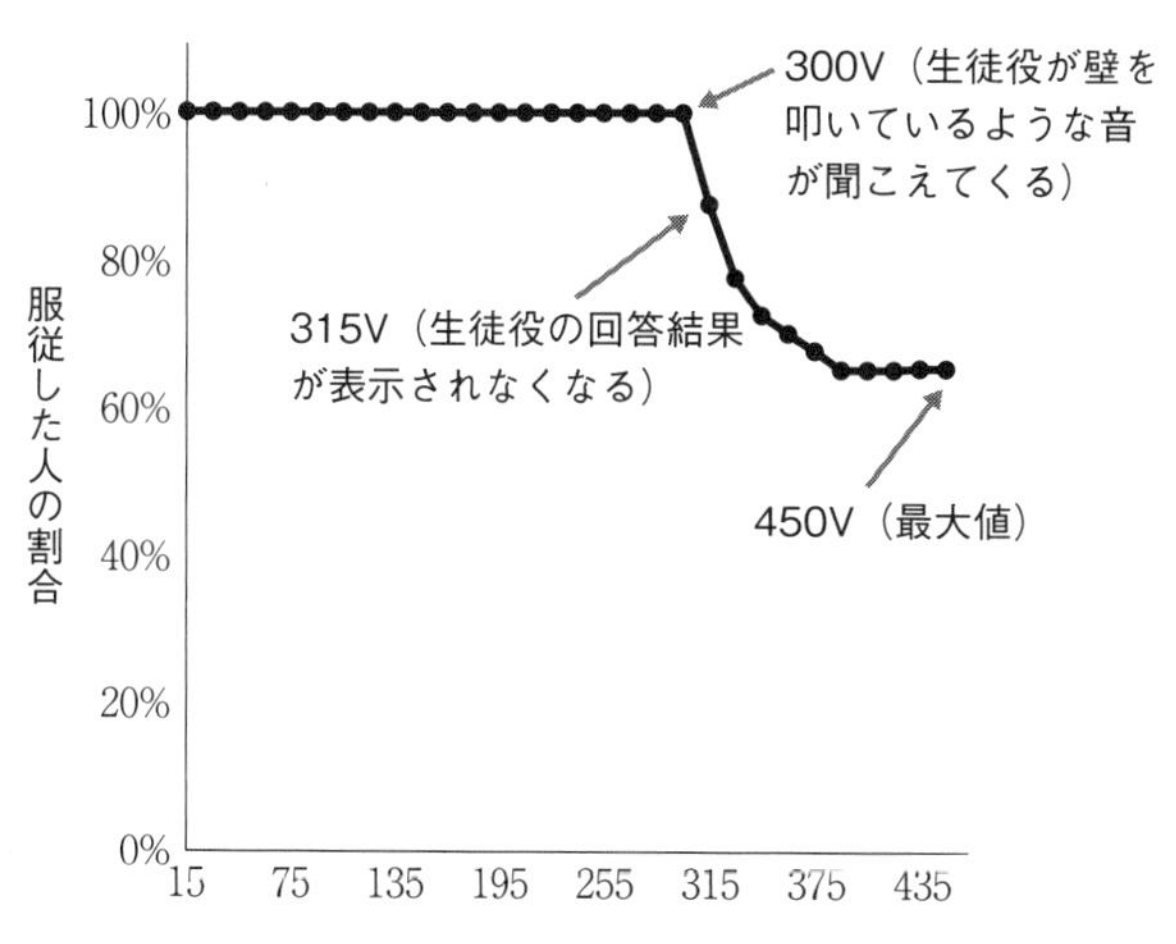

図2-1　電気ショック（※実際に電気は流れていない）の強さと服従した人の割合（山形（2012）を参考に作成）

さて、この実験で、最大の450ボルトまでスイッチを押し続ける人は全体のうち何パーセントほどだと思いますか。この質問をされた心理学者や大学生、一般成人の多くは、200ボルト以上になると人体に害を及ぼす可能性が高くなるので、その付近でスイッチを押す人はほとんどいなくなるのではないかと予想しました。しかし実際のところ、65％（40名中26名）の参加者が最大の450ボルトまでスイッチを押し続けたのです（図2-1参照）。

この結果から、ごくごく一般的で善良な人であったとしても、いったん命令システムに組み込まれ、自らを権威（この実験の場合、スイッチを押し続けることを強く要請する実験者）の代理人と認識すると、本当はスイッチを押したくなかったり、少なからず後ろめたい気持ちがあったりしても、要請に沿った行動をとりかねないことが示されたのです。社会心理学が注目する「状況の力」の強さが色濃く反映された実験結果です。

ちなみに、今ではこの研究とまったく同じ方法を用いた研究はできません。なぜなら、致死レベルの電気ショックを与えるためのスイッチを押していると信じさせられる実験参加者に、多大な精神的負担を強いるからです。ミルグラムの時代には、人を対象とした心理学的研究を実施する際の倫理基準の整備などが不十分でした。現在では、大学等の研究機関が設置する倫理委員会に事前に研究計画を提出し、基準を満たしているか審査がなされ、許可が降りた研究が実施されるという手続きを踏むのが一般的です。

「辛い目にあうのはその人自身のせい」

ミルグラムはこの研究のあとも、生徒役が痛がったり中止を求めたりと抵抗する声が聞こえてくる条件（先に説明した遠隔条件よりもやや早い段階で、電気ショックを与えることをやめる実験参加者が増えましたが、450ボルトまでスイッチを押し続けた人は40名中25名と、あまり変わりませんでした）や、生徒役と同室になる条件（早い段階で電気ショックを与えることをやめる人も増え、最後までスイッチを押し続けた人も40名中16名と減りました）などを設定して権威への服従のさらなる理解に努めました。また、その他の社会心理学者たちも、権威への服従実験をベースとし、それぞれの問題意識や興味関心に沿った研究をはじめました。その1人が、メルビン・ラーナーです。

ラーナーは、1957年に博士号取得後、医学部の学生を対象に、健康や病気と社会的要因（つまり、状況の力）との関係を考えるための授業を担当していました。この大学がある州では、鉱山労働者やその家族の貧困が問題となっていました。そしてそのことが医療へのアクセスの制限、乳児死亡率の増加につながっていると指摘されていたのです。ラーナーの授業を受ける学生たちは将来医師になった際、この大きな課題に向き合う必要がありました。

しかしこの課題を授業で取り上げると、学生たちは決まって、鉱山労働者たちは好きであの場所に留まり生活しているのだ、と発言し始めたのです。鉱山労働で十分な稼ぎがないのであれば新しい職を探せばいいのにそれをしようとせず、嗜好品ばかりに手を出し、自分の子どもたちに十分な環境を整えてあげられない怠け者である、と。

そういった学生に対して、ラーナーは鉱山労働者の貧困問題の背景にある社会的な要因を説明しました。第二次世界大戦前後、鉱山で取れる石炭は重要な燃料資源であり、そこで働く人たちは良い給料や十分な医療へのアクセスを、組合等を通して保証されていたのです。しかしながら、戦後徐々に石炭の需要が減っていったことで組合の力が弱まり、これまで何の心配もなく働き、必要に応じて病院を受診し、家族と幸せに暮らしていた労働者の生活が変わっていきました。炭鉱で働く人たちの中には移民も多く、彼らは簡単に次の仕事を見つけて好きな場所に引っ越すような資金やスキル、人的なネットワークも持ち合わせていません。

社会・経済的な変化や当事者の置かれた事情を説明すれば、学生たちの考えも変わるのではないかとラーナーは予想していましたが、その期待は裏切られます。彼らはそれでもなお、「いかなる事情があろうと、彼らが怠け者であることに変わりはなく、怠け者は苦しんで当然だ」と、口を揃えて主張したのです。

ただし、ラーナーはそうした学生たちに対して、「冷たい未熟者」といった内的帰属は行いませんでした。むしろ、なぜ彼らが、貧困や、それに伴って生じる医療へのアクセスの制限や死亡率の高さなどの問題に直面すると、お決まりの反応、つまり苦しんでいる人たちを非難し始めるのだろうかと考えたのです。これはアイヒマンの行為の原因をアイヒマン自身の性質に内的帰属をして済ませなかったミルグラムと同じ姿勢ですね。ここから「公正世界理論」が生まれることになります。ラーナーの考えをさらに詳しく追ってみましょう。

公正世界理論とは

学生たちの主張は、「苦しんでいる人は、その苦しみを受けるに値する性質を持っているのだ」というものでした。「状況の力」、つまり外的要因によって苦しめられている人を目の当たりにすると、多くの人はできればそのような外的要因を取り除いてあげたい、そしてその人を助けてあげたいと思うでしょう。しかし、それがかなわないとなるとどうでしょうか。自分ではどうすることもできない現実に直面し、自分の非力さを認めてしまうと、自尊心が傷つきます。また、何の落ち度もない人たちを苦しめるような社会は、不安定で無秩序な状態とも言えます。もしかしたら、次は自分が苦しむ側になるかもしれないと不安に思う人も出てくるでしょう。

心理的な不安が強い状態で、日常生活を営み続けるのは大変です。どうにかして不安を軽くしたり解消したくなります。かといって、自分は何もすることができません。そうなると、あとは現実の認識の仕方を変えようとします。つまり、辛い目にあっている人たちの苦しみを生み出している原因は、その人たち自身にあると考えるのです。

そうすることで、自分たちの住んでいるコミュニティや社会は正しく機能していると信じられます。頑張った人は報われ、頑張らなかった人は苦しむのだという、ある種の秩序だった、公正なルールのもとで生活をしているのだと安心できるようになります。

このように、私たちの社会は安全で、秩序だっていて、努力は報われ悪事には罰が与えられる、そして人はその人にふさわしいものを手にしているのだと信じることを、ラーナーは「公正世界信念」と定義しました。

実証的な研究を通した検証も行われました。ラーナーとシモンズ（Lerner & Simmons, 1966）は、ミルグラムによる権威への服従実験と似た状況を用意し、苦しんでいる人に向けられる否定的反応に注目した研究を実施しました。生徒役（実験協力者のサクラ）である大学生が、学習セッションで誤答を繰り返し、実験者から電気ショックを与えられる様子を、他の学生たち（真の実験参加者）にモニター越しに観察させるというものです。

学習セッションの観察を終えた後、実験参加者たちはいくつかの条件ごとに異なるプロセスに置かれました。ここではそのうちの2つの条件に焦点を当てて説明を進めます。1つ目は、「犠牲者条件」です。この条件では、生徒役の学生が「電気ショックの罰を受ける生徒役はもうしたくありません」と実験者に抗議します（もちろん、生徒役は実験協力者なので、すべて演技です）。これに対して実験者は、いろいろな理由をつけて、「やめないほうがいいですよ、続けましょうよ」と説得します。それを聞いた生徒役の学生は、最終的に「では、観察者役をしている他の人たちのためにも、電気ショックを受ける学習セッションに引き続き参加します」と実験者に伝えます。再び誤答による電気ショックを受けて苦しむことになるだろうけど、他の参加者のために自らを犠牲にする、と言うのです。これが「犠牲者条件」です。

もうひとつは「報酬条件」です。この条件では、「さきほどの生徒役が（1）前半のセッションと同じように後半のセッションでも誤答で電気ショックの罰を受けるルールにするか、（2）正解時に報酬をもらえるルールにするか、それとも（3）報酬も罰も与えないルールにするかを投票で決めます」と実験者から伝えられます。（1）の選択肢に対して、「こんな選択をする人はいないだろうから選択肢として不要なのでは」と思ったかもしれません。しかし、選択肢を用意しておかないと、本当に選択する人がいないのかどうかがわかりません。心理学実験では「選択する人はいなかった」ことを実証的に示すために、あえてこのような選択肢を用意することがあります。

「報酬条件」に割り当てられた実験参加者は14名いましたが、そのうち13名が、（2）のルール、つまり、生徒役がこれ以上辛い思いをしなくてすむような選択をし、この投票結果が14名全員に伝えられました（残りの1名は（3）の報酬も罰も与えない条件を選び、（1）を選んだ人はいませんでした）。これにより、生徒役はこれ以上辛い目にあわなくてすむと実験参加者が理解します。同時に、自分たちの力で状況をコントロールできた（生徒役を助けることができた）とも認識します。

2つの条件の違いを簡単におさらいしましょう。「犠牲者条件」は、誤答すると電気ショックを与えられるという辛い状況に再び生徒役が置かれることになります。一方「報酬条件」では、実験参加者の投票により電気ショックが用いられなくなり、生徒役の苦しみは取り除かれることになります。

この時点で、それぞれの条件の実験参加者たちは、生徒役の魅力度や、どのくらいの確率でこの人物が人生で望むものを手に入れることができると思うかといった項目に回答を求められました。これらの得点が低いほど、生徒役の実験協力者に否定的な印象を持っていることになります。さて、みなさんはどちらの条件で得点が低くなると思いますか？

分析の結果、「報酬条件」よりも「犠牲者条件」で、生徒役への否定的な反応がなされていました。ここでラーナーが教えていた大学生たちの言葉――「苦しんでいる人は、その苦しみを受けるに値する性質を持っているのだ」――を、改めて思い出してみましょう。共通点が見えてきます。つまり、「犠牲者条件」の参加者は、生徒役が引き続き電気ショックを受けて苦しむのは、この人物が学習セッションで誤答し続けるからであり、そのような失敗を繰り返す人は魅力的ではなく、将来望むものも手にできない人生を送るだろう、と考えたのです。

実験参加者の数や分析手法などでやや不十分な点も見受けられますが、ラーナーが考えた公正世界理論に関わる多くの実験や調査から、私たちはなにかの被害者や犠牲者となった人たちに「そのような目にあうのはあなた自身のせいだ」と反応する傾向が一貫して示されています。また、その傾向は、被害者のダメージが大きい場合や、被害者と自分の属性が類似している場合に、より顕著に見られることがわかっています。ラーナーとシモンズの研究であれば、実験協力者も実験参加者もすべて女性で「性別」という属性が共通していました。生徒役の性別が異なったり、大学生ではなかったりした場合よりも、「犠牲者条件」における否定的な反応の程度が強かったのかもしれません。

あなたの中の公正世界信念は？

公正な世界を信じたいがゆえに罪のない被害者を非難する傾向は、50年以上前の大学生たちや実験室の中だけの話ではありません。現代を生きる、私たちの身近でも起こっています。典型的な例としては、痴漢などの性犯罪の被害者に対して第三者がぶつける「なぜそのような服装をしていたのか」、「なぜそんな時間にそのような場所にいたのか」、「あなたも油断していたのでは」、「脇があまい」といった否定的なことばたちです。どんな服装をしていようが、いつどこで誰といようが、犯罪の責任は加害者にあります。また、少しでも「油断」していたら性犯罪の被害者になるような社会を私たちは果たして望んでいるのでしょうか。

立ち止まって冷静に考えてみれば、被害者側に責任はないことに気づきます。また、そもそも第三者が得られる情報は断片的なものにすぎず、誰にどのような責任があるかを正確には判断できません。しかし残念ながら、被害者に対して第三者が心無いコメントや発言をするケースはＳＮＳなどで散見されます。家庭内暴力の被害者に対する「なぜ逃げなかったのか」、「なぜ通報しなかったのか」なども同様です。このような非難の背景には、自らが信じる、安定して秩序だった公正な世界の存在を否定したくないという思いがあります。そして、事件等に巻き込まれた被害者にその事件が起こった原因を求めようとするのです。

公正な世界を信じる利点

ここまで紹介したように、公正世界理論の研究は社会の中で弱い立場にいる人たちを非難してしまう傾向に注目し、研究が進められてきました。そうすると、「公正な世界なんて信じないほうがいい」と考えてしまう人がでてくるかもしれません。しかしそれは少し違います。私たちには、公正な世界を信じられているからこそできることもあります。ここからは公正な世界を信じることのメリットについて説明しましょう。

まず、公正世界信念の強さがそのまま被害者非難につながるわけではないという点はあらためて確認しておきたいところです。自分が信じる、公正で秩序だっていて、明日も今日と変わらない安定した一日がやってくる、という信念に沿わない出来事に直面したときに、被害者非難につながります。式で表すと以下のような形が想定できます。

公正世界信念の強さ（個人差）×信念に反する出来事（状況の力）＝被害者非難（行動）

被害者非難は、信念に反する出来事を目の当たりにした直後に、あまり深く考えずに直感的に反応してしまった結果であることが多いです。少し立ち止まって考えたり、信念に反する出来事に対して不安を感じていると自分で自分をモニタリングできさえすれば、一定程度は制御可能であると覚えておきましょう（それがなかなか難しいからこそ、問題になるのですが）。

公正な世界を信じることの大きな利点は、「心が安定する」にほかなりません。明日が来たら自分の持ちものが全部没収されてしまうとか、突然自宅に強盗が押し入ってきて身体的なダメージを負うようなことが当たり前の世界に自分が暮らすことを想像してみてください。おそらく、不安や恐怖心で押しつぶされそうになります。

みなさんの中には、部活動の大会などで良い成績を残すために、日々努力をしている人もいると思います。その大会や試合が、主催者の気分次第で突然中止になるかもしれないと言われたらどうでしょう。あるかないかわからない試合のために努力することが馬鹿らしくなるかもしれません。高校入試や大学入試、資格試験や就職面接で、ズルやコネが横行する社会はどうでしょう。これも、みなさんの「目標に向かってコツコツ努力する意欲」をそいでしまうかもしれません。

不安定で無秩序で、今日と同じ明日が来ない、「一寸先は闇」な社会の日常について、みなさんどう思いますか？ きっと、予測可能な世界の方が安心できるとか、自分は公正な社会で暮らしたいと思ったことでしょう。このように、人は一般に公正な社会を希求し、かつ自分たちの社会は公正だと信じることで心を穏やかに保てます。

公正世界信念は、当初、被害者非難との関連が注目されました。しかし、この信念の個人差を測定するための心理尺度（「以下の項目にあなた自身はどの程度当てはまりますか、1（全く当てはまらない）〜7（非常によく当てはまる）で回答してください」のような形で、いくつかの項目に回答を求める形で測定します）が開発されてからは、公正世界信念の強い人がもつその他の特徴を明らかにするための研究が増えました。

　そして、公正世界信念の強さが、遠い未来の目標に向かってコツコツ努力できる力や、自分自身のことを幸せだと思う気持ち、世の中の多くのことは自分自身でコントロールできるのだといった統制感覚の強さと関連することがわかったのです。

　２０２１年の研究（Devereux, et al., 2021）では、公正世界信念が強いほど、新型コロナウイルス感染予防のためのガイドライン（手洗いやマスク）を遵守する傾向も示されました。手洗いやマスクの着用は、なにか特別なスキルを伴う行動ではありませんが、意識的に行う必要はあります。またガイドラインの遵守は、長期的に見て自分や社会全体に利益をもたらすでしょう。公正世界信念の強い人たちは、長期的な視点で物事を捉えることが得意です。それが結果として、ガイドラインに沿った行動を比較的容易にコントロール、遵守する傾向につながるのではないかと考えられます。

2種類の公正世界信念

「公正世界信念の個人差を測るための心理尺度」が開発されてきたと説明しましたが、ここからは、公正世界信念の2つの側面を紹介します。いずれも、「公正な世界を信じる」という点では共通していますが、やや視点が違ってるのがポイントです。

まず1つ目は、「内在的公正世界信念」です。良い行いをすれば良い結果が、悪い行いをすれば悪い結果がもたらされる、と信じる傾向です。この考え方は小さな頃からの学習や経験を通して、多くの人に身についていきます。

小さい頃に、いたずらをしたのが見つかって、お父さんやお母さん、学校の先生に怒られた記憶はありませんか？　これは、「悪いこと（いたずら）をしたら、悪い結果（怒られる）がもたらされるという因果の法則を学習する材料となります。また、人に親切にしたり、困っている人を助けた時に、周りの大人から褒められた経験をもつ方も多くいるでしょう。こちらも、良いこと（困っている人を助ける）をしたら、良い結果（褒められる）がもたらされるという形の因果の法則に沿った経験となります。努力をすれば（一生懸命練習したら）報われる（テニスの試合で優勝できた）、も同じです。これらの経験は内在的公正信念を作り上げたり、強めたりするきっかけとなるのです。今、自分が得ているものには「正義が内在している」という意味を込めて名前がつけられています。

少し話はそれますが、この信念に関連するエピソードを紹介します。大学の授業で公正世界理論や内在的公正世界信念の説明をすると、たまに「私は道端にゴミが落ちているのを見つけた時にそのまま素通りしてしまうと、その後でなにかひどい目にあうのではないかと不安になります。変でしょうか」といった質問をもらいます。要するに、「道徳的に良いふるまいをしなかったら、自分にとって悪い結果がもたらされるのではないか」、というようなことだと思います。きっと、ご家族や近しい人たちから、「より良く生きること」について、たくさん話を聞いた経験があるのでしょう。

しかし、この考え方にとらわれすぎるのもやっかいです。第1章で紹介した「風が吹けば桶屋（おけや）がもうかる」以上に、道端のゴミを拾わなかったことと、そう、たとえばテストでひどい点数をとってしまったこととの間に物理的な因果関係はありません。道端のゴミを拾う行為は素晴らしいですが、それをしなかったからといって、なにかイヤな出来事が待っている……とまで考える必要はないはずです。私たちの暮らす社会はそれなりに秩序だっていて、ある種の法則性も期待できる場所です。でも、それを過度に期待したり、信じて疑わなかったりすると、逆にこの法則にがんじがらめにされてしまい、生きづらさにつながってしまうかもしれません。

2つ目は「究極的公正世界信念」です。今、何かしらの不公正に巻き込まれて被害を負っていても、将来必ず、何らかの形で埋め合わされるに違いないと信じる傾向を指します。この信念は、信仰や宗教とも関わりがあります。宗教は、信仰の対象はさまざまだとしても、死後の世界（たとえば、天国や地獄）や、生まれ変わり（輪廻転生）の教えをしばしば提供します。そこに共通するのは、長期的な視点です。被害の回復は、いつになるかわからないし、時に現世ではなく来世になるかもしれないけれど、きっとその日がやってくるのだと考えます。

共通点と相違点について整理しておきます。まず、2種類の信念はいずれも、シンプルな因果法則に基づいた、予測可能で秩序だった公正な世界を仮定しています。これらの信念は2種類に分けることができたとしても基本的には同じ「公正世界信念」なので、片方の信念が強い人はもう一方の信念も強くなることがわかっています。日本人を対象に行った研究でも、2種類の公正世界信念の強さは、いずれも、遠い未来の目標に向けた努力の行いやすさ、主観的な幸福感の高さ、そして自分で状況をコントロールできているという感覚の強さと関連していました。

相違点としては、内在的公正世界信念のほうが実体験として学習する機会が多いことが挙げられるでしょう。また、内在的公正世界信念はどちらかというと現在の状態の原因を過去の行いに求める傾向にありますが、究極的公正世界信念は現在の状態を未来に生じるなにかと関連付ける傾向にあるとも言えます。このような違いを念頭に、次の節では、2種類の公正世界信念によって、刑事事件の被害者や加害者に対する反応が違うことを明らかにした研究を紹介します。

犯罪加害者・被害者への反応と公正世界信念

繰り返しになりますが、公正世界理論は、被害者非難の観点から研究が始まりました。そのため、その後の研究ではしばらくの間「被害者」に焦点が当てられてきました。しかし、自然災害は別として、被害者がいたら同時に加害者も存在します。

加害者に対する反応と公正世界信念にはどのような関連があるのでしょう。実は、加害者がすでに罰せられたという情報が提供されると、加害者がまだ検挙されていないと聞いたときよりも被害者非難の程度が弱くなります。不道徳な出来事を引き起こした人物が、法の秩序のもと正当な罰を与えられたと知れば、自分の信じる公正な世界は維持され、安心感を得られます。その結果、被害者非難を通した信念の維持が不要になるのだと考えられます。

このことを踏まえると、公正世界信念は刑事事件などの被害者に対する非難のみを通して維持されるのではなく、加害者に対する厳罰志向を通しても信念が維持されるのではないかという可能性が頭に浮かびます。特に、「悪い行いには悪い結果がもたらされる」と考える内在的公正世界信念の強さは、究極的公正世界信念の強さよりも、加害者への厳しい反応につながりそうです。

この可能性を検証するために、私は日本人を対象とした研究を行うことにしました。まず、研究参加者には、駅前の繁華街で、深夜に女性（注：被害者が男性のバージョンも作成しましたが、女性版と大きな違いは見られませんでした）が刃物を持った男性に襲われ怪我をしたという架空のニュース記事を読んでもらいました。男性は駆けつけた警察官にすぐさま逮捕されたことなども記載しました。記事を読んだ後、参加者は被害者と加害者に対する反応に加えて、公正世界信念（内在と究極の2種類）を測定する項目に回答しました。

2種類の公正世界信念の強さと、被害者・加害者に対する反応を調べてみると、予想通り、内在的公正世界信念の強い人たちは加害者に対して厳罰を求めやすい傾向がみられました。それと同時に、加害者を非人間化、つまり、未成熟で知性がなく、単純な存在だと認識しやすいこともわかりました。究極的公正世界信念の強さは加害者に対するこのような否定的反応との関連がみられませんでした。ただし、「自分はこのような事件に巻き込まれることはない」と考えやすく、被害者と自分の間の心の距離をとる形の否定的反応（このような反応も、一種の被害者非難だと言われています）をしやすい傾向が明らかになったのです。

ここまでの結果をおさらいすると、内在的公正世界信念の強さは加害者に対する否定的反応、究極的公正世界信念の強さは被害者に対する否定的反応と関連しており、信念の種類によって、不公正な状況に遭遇した際に目が向く対象が異なる傾向が明らかになりました。ただし否定的反応の対象は違っても、その背景には、自分が信じる、安全で秩序だった公正な世界観を維持したいという共通の目的があるのです。

「世の中理不尽なことだらけ」——不公正世界信念

ここまでで、公正世界信念の強さと関連する個人の特徴や、被害者や加害者に対する反応との関わりを話題にしてきましたが、最後に、公正な世界の存在を否定する考え、すなわち、「不公正世界信念」にも触れておきましょう。直感的に考えると、公正世界信念が弱い人は不公正世界信念が強い、と思われるかもしれません。でも実は、両者の関係性は研究によってまちまちで、まだはっきりとした関係性は見いだせていません。その背景には、自分が自分自身にとってふさわしい結果を得ているかという公正感と、自分以外の周囲の人たちがそれぞれにふさわしい結果を得ているかという公正感にズレがあることなどが想定されています。

日本人を対象にこの不公正世界信念を測定したところ、内在的公正世界信念や究極的公正世界信念以上にこの信念が強い傾向にありました。また、不公正世界信念の強さは、主観的な幸福感の低さや、自分自身でいろいろなことをコントロールできていないという感覚と関連していました。

日本では憲法第14条によって法の下の平等が規定されています。また、１９７２年に施行された男女雇用機会均等法など、社会の中の不平等を解決するための法律も作られてきました。第二次世界大戦後、日本は秩序のある平和な、今日と同じ明日がやってくる、安心できる社会を努力して作ろうとしてきたと言えます。

しかし近年では、医学部受験における男女差別や非正規雇用の増加にともなう経済格差など、平等社会とか公正な社会は幻想なのではないか、と疑いたくなるような問題も抱えています。このような状況が、不公正世界信念を強めている可能性も考えられます。公正世界信念と不公正世界信念の関係、ならびに、人々の不公正世界信念を強めるきっかけが何なのか、公正世界理論のさらなる発展のためにも、今後明らかにしていかなければならない重要な課題です。同時に、不公正世界信念を強めるきっかけをどのようになくしていくのかも考える必要があるでしょう。

まとめ

第2章では、ミルグラムが実施した、社会心理学における古典的な研究である権威への服従実験の紹介から始まり、ラーナーによって生み出された公正世界理論について詳しく説明しました。私たちは、シンプルな因果法則に基づく安定して秩序だった世界の存在を信じる傾向があります。その世界観に反する出来事が起こると心が不安定になるため、被害者を非難したり、加害者を非人間化したりして自分のもつ世界観を守ろうとします。公正な世界を信じることは、私たちの心の安寧につながりますが、過度に依存することには注意が必要です。

第3章では、公正世界信念を維持するために行われがちな、強引で非論理的な推論について、いくつかの実験の結果を紹介します。さらに、日本人がそのような強引で非論理的な推論を行いやすいことについても詳しく説明していきます。

第3章　人は、因果応報ストーリーを好む

第2章に引き続き、この章でも、身の回りの人たちに起こったさまざまな出来事を、自分の信じる世界観に基づいて解釈、理解してしまう傾向について考えていきます。特にこの章では、「自業自得」や「努力は報われる」に見られるような世界観が、ときに私たちに非合理的な推論をさせてしまう点に注目します。

あなたの記憶に残る絵本は？

まずはみなさんが小さかった頃のことを少し思い出してもらうところから始めましょう。ことばを理解しはじめ、小学校に入学するくらいまでの間に、身近にいる大人に読んでもらったり、自分自身が好んで何度も読んだ絵本はありますか？　私は、今でも記憶に残っている絵本の中に「花さき山」があります。

物語の主人公のあやは、妹と弟のために、いろいろなことを我慢しなければなりませんでした。ある日、山に住むおばあさん（「山ンば」と言いますが、もしかしたら若い方は知らないかもしれませんね）から、妹や弟のために我慢をするのは辛いだろうけど、我慢をしたり、誰かに優しくしてあげたら、そのとき山に花が咲くのだと教えられます。一度きりしかそのおばあさんに会えませんでしたが、その後、あやは妹や弟のために我慢をしたり、周りの人たちに対して優しくしたら、山に花が咲いている様子を頭に浮かべて温かい気持ちになる、というお話です。挿絵もとても素敵なので、興味のある方はぜひ手にとって読んでみてください。

さて、この絵本では結局のところ、読者に何を伝えたいのでしょうか。第2章を読んだあとのみなさんであれば、ピンとくるかもしれません。そうです、頑張った人（我慢をした主人公）にはご褒美（花）が、つまり、プラスの行為にはプラスの結果が伴うのだよという、公正な世界での原因と結果の関係を伝えようとしているのです。あらためて考えてみると、私たちがこれまでに触れてきた絵本の中には、良い行いには良い結果が、悪い行いには悪い結果が伴うという、シンプルでわかりやすい、公正な世界の存在を前提としたストーリーが多く存在します。

花さき山を知らない人でも、桃太郎やアリとキリギリスであれば知っているかもしれません。これらのお話も、頑張れば報われる、悪さをすると（怠けると）痛い目にあう、ということをテーマにしています。アンパンマンや仮面ライダー、プリキュアといった子ども向けのアニメやヒーロー物の映画などでも、正義と悪の戦いが描かれます。そして、水戸黄門などの時代劇も、正義（水戸黄門御一行）と悪（典型例としては、裏で悪いことをしている代官）の戦いという点では同じです。このように私たちは、絵本やアニメ、映画、ドラマなどを通して、良い行い（人）が報われ、悪い行い（人）には罰が与えられる、「公正世界の因果ルール」に沿ったストーリーにふれる機会が多くあるのです。

公正世界の因果ルールを実際に経験する機会もあります。第2章の内容と重ねて考えてみましょう。一生懸命練習をして、部活動の大会や試合で良い成績をおさめたとき、「努力が報われた！」と感じるでしょう。高校入試や大学入試に向けて、計画を立ててコツコツと勉強を続け、合格発表の日に自分の受験番号を目にしたら、あなたはきっと、「これまで頑張ったかいがあった！」と喜ぶでしょう。子どもの頃に、してはいけないと言われていたことをしてしまったり、嘘が見つかってしまったりした時には、学校の先生や両親といった周囲の大人に叱られた経験がある人もいるでしょう。多くの場合、「こんな目にあうくらいならやらなければよかった」と自分の行為を後悔します。これらもすべて、公正世界の因果ルールに一致していますね。

公正世界の因果ルールに基づく推測——視線計測を用いた実験

学習や経験を通して何度も何度も公正世界の因果ルールに触れていると、あたかもその因果ルールが常に存在し、かつ機能しているかのように思い始めます。そして、周りの人たちに起こったさまざまな出来事、特に「良い結果」や「悪い結果」を見聞きしただけで、公正世界の因果ルールに一致する原因を頭の中に思い浮かべるようになります。また、周囲から褒められるようなことや、逆に非難されるようなことをした人に対しても、それぞれの行為に対応するような良い結果や悪い結果が将来もたらされるだろうと期待するようになります。

イギリスの大学で実施された、アイカメラ（実験参加者が画面のどこを見ているのかを記録するための機材）を使用した面白い実験を紹介します。

カランたち（Callan, et al. 2012）が実施したこの実験の参加者は、スピーカーから流れてくるストーリーを聞きながら、パソコン画面に同時に表示される2種類の画像を見るという課題を行いました。その間、アイカメラを使って、参加者がパソコン画面のどの部分をどのくらいの時間見ていたかを計測します。実験では何種類かのストーリーや画像が使われましたが、ここではそのうちの一部を取り上げて、実験手続きの説明をしていきます。

まず、スピーカーから流れてくるストーリーについてです。ストーリーは、必ず、「背景」と「結末」の2つのパートで構成されていました。背景パートでは、ある人物の人となりが紹介されます。その内容には2つのパターンがあり、悪い人として描かれるか、良い人として描かれるかのいずれかでした。たとえば、とあるカップルの男性について描写したストーリーでは、夫のアレン氏が、仕事で疲れて帰宅した妻に対して「早く食事の準備をしろ！」とののしりながら暴力をふるう様子が描かれました（お腹

良い結末と悪い結末

が空いているのなら自分で何か作って食べればいいじゃない、と言いたくなりますね)。これは「悪い人」としての描写です。一方、仕事で疲れて帰宅した妻をねぎらい、マッサージをしてあげるという内容は、「良い人」としての描写になります。

背景の後には、結末のパートが続きます。このパートでは、背景パートで描写された人物に、良いこと（例えば、アレン氏がビジネスの契約で大成功を収めたという知らせが電話でかかってくる）が起こるストーリー、もしくは悪いこと（例えば、アレン氏の運転する車が横転事故を起こす）が起こるストーリーが音声で流れるようになっていました。

少し複雑なので、ここまでの説明をまとめておきましょう。音声で流れるストーリーは、背景と結末のパートから構成されていて、（1）悪い人が悪い結果を得る、（2）悪い人が良い結果を得る、（3）良い人が悪い結果を得る、（4）良い人が良い結果を得る、のいずれかの組み合わせになります。（1）と（4）は公正な世界での因果ルールに一致する内容になっていることがわかります。逆に（2）と（3）は、一致しない内容になっていることにも気づきます。

次に、パソコン画面に表示される画像について説明します。パソコン画面には、右のイラストのように、「良い結末」を表現した画像と、「悪い結末」を表現した画像が同時に表示されます。2つのうちの片方は、音声で流れる結末パートの内容と一致する画像になっています。したがって、結末パートのストーリーを聞き終わる頃には、多くの参加者がストーリーの内容と一致する画像をよく見るようになります。アレン氏が車の横転事故を起こした、という内容が音声で流れたとしたら、車が横転した画像の方に注目するというわけです。これ自体は当たり前のこととして受け止められるものでしょう。

でも、この実験の面白さは、結末の内容が判明する少し前に視線が向く先にあるのです。

実験室にやってきた参加者には、まずパソコン画面の前に座ってもらいます。そして設置されたあご台にあごを乗せ、顔がふらふらと動かないようにしてもらいます（より精度の高い視線計測を行うためです）。準備ができたら、まずは背景パートが音声で流れます。パソコン画面には、中央に＋マーク（ここを見てね、というような意味あいで、注視点と呼ばれます）が表示されます。そして、背景パートの音声が終了した時点で、パソコン画面の＋マークが2種類の画像（いい結末と悪い結末を描写したもの）に切り替ります。

さて、2種類の画像が表示された1秒後に、結末パートの音声が流れ始めます。このパートは、「その翌朝、アレンは……」と、背景パートで描写された人物に何かが起こったことを予期させる文言から始まります。このタイミング、つまり、まだアレン氏がどんな結末を迎えるかわからない時点で、実験参加者は2種類の画像が表示されたパソコン画面のどこをどのくらいの長さ見るのでしょうか？

結果は、カランたちの予測どおりでした。登場人物が悪い人として背景パートで描写されると、その人物がその後どのような結末を迎えたのかわからない段階から、良い結末を表現した画像よりも悪い結末を表現した画像の方に視線が留まることが示されたのです。同様に、背景パートで良い人として描写された場合は、悪い結末を表現した画像よりも良い結末を表現した画像の方をより長く見ていました。つまり、実験参加者は、どちらかの画像に視線が留まるような情報を与えられていない時点から、登場人物の道徳的価値（良い人か悪い人か）に一致する結果（良い人の場合は良い結末、悪い人の場合は悪い結末）を期待したり、予測したりしながら他者に起こった出来事に関する物語を消費している可能性が示されたのです。

公正世界信念を維持する手段としての公正推論

さて、さきほど紹介した研究には重要なポイントがあります。それは、実験参加者が、物理的な因果関係がない2つの出来事の間に、因果関係を読み取っているところです。改めて考えていただきたいのですが、背景で説明される登場人物の人となりと、その人物が得た結末に、物理的（直接的）な因果関係はありません。妻に対して酷い夫だから、もしくは優しい夫だから、運転する車が横転したり、ビジネスの契約で大成功を収めたりするわけではありません。にもかかわらず、実験参加者たちはこの2つの内容に因果関係がある、もしくは因果関係があってほしいと期待していたのです。このように、公正世界に一致した因果ルールに基づいて、他者に起こった偶然性の高い事象の原因を推測したり、続いて起こりうる将来の出来事を予測、期待したりすることを「公正推論」と呼びます。

公正推論は、第2章で紹介した公正世界信念と名前が似ているので、ここで両者の違いや関係性について整理しておきましょう。公正世界信念は、良い行いには良い結果が、悪い行いには悪い結果が伴うという因果応報のルールのもと、世界は秩序だって構成されていて、人はその人にふさわしいものを手にしていると信じることを言います。そして、このような世界観に一致するように、他者に起こった出来事の原因を推論したり、現在の状況から将来起こりうることを予想したり期待したりすることを公正推論といいます。公正推論は、自らの公正世界信念を守り維持するために行われる、というとわかりやすいかもしれません。

そしてこの推論は、第1章で説明した言葉を使うと、「誤った帰属」（公正世界信念を維持するための、バイアスのかかった推論）と捉えることもできます。なぜなら、先の実験の説明でも触れたとおり、対象となる2つの出来事には物理的な因果関係がないからです。

なお、公正推論は2種類の公正世界信念（第2章で説明した、内在的公正世界信念と究極的公正世界信念）に対応する形で区別できます。ひとつは、他者に起こった悪い結果に対して、その人物の日頃の行いがそのような結果を招いたのだ、と推論する「内在的公正推論」です。もうひとつは、特に悪い結果に対して、将来的になにかの形で埋め合わされるだろう、きっとそのうちいいことがあるに違いない、と予想したり期待したりする「究極的公正推論」です。

これまでの研究から、過去に何かしらの道徳違反を犯している「悪い人」は、「良い人」よりも悪い結果を得た際に周囲から内在的公正推論（日頃の行いが悪いから悪いことが起こったのだ）を行われやすいことが示されています。また、「良い人」が得た良い結果は、「悪い人」が得た良い結果よりも日頃の行いの結果であると推論される傾向が強いです。なお、「良い人」に起こった「悪い結果」に対しては、究極的公正推論（悪い結果の埋め合わせとして、そのうち何か良いことがあるだろう）が行われやすいことも示されています。

これらの傾向は、よく考えると少し怖い気もします。なぜなら、たとえば同じような悪い結果に対して、過去の行動履歴によっては「日頃の行い」を原因にされ、「自業自得」だと周囲から思われてしまうからです。

幸運・不運と公正推論

先ほど紹介したカランたちの研究では、「良い結末」はビジネスでの成功、「悪い結末」は車の横転事故でした。これらはいずれも、主人公自身の行動や働きかけが少なからず関わっています。しかし私たちが日常生活で経験する良い結果や悪い結果の中には、より偶然性の高いものも多々あります。同じような車の事故でも、停車中に一方的に追突されるケースは、運転中の横転事故よりも「運が悪かった」と思われやすいでしょう。また、宝くじに当選するような出来事も、偶然性が高い「幸運」と捉えられそうなケースです。実は、より偶然性が高い、幸運や不運などと解釈できる「結果」にも、日頃の行いが良かったから、悪かったからという形で公正推論が行われることがわかっています。

偶然起こった出来事に対して、その原因を「日頃の行い」に求める発言は意外と身近に存在します。「昨夜の大雨から一点、本日は大変良いお天気に恵まれました！　みなさんの日頃の頑張りにお天気が応えてくれたのかもしれませんね」……こんな挨拶スピーチ、聞いたことありませんか？　その場を盛り上げるために何気なく使われている場合がほとんどでしょうが、これを聞いて「じゃあ雨が降ったとしたら日頃の頑張りが足りなかったということ……？」と思ってしまう人もいるかもしれません。天気は広範囲に影響しますから、一生懸命頑張ってきた小学生たちが集う○○小学校の運動場上空だけ快晴ということはありえません。天気と日頃の行いに物理的な因果関係は存在しないのです。

しかし、このようなスピーチを聞くと「一生懸命頑張ってきて良かった」と感じる人もいますし、「そんなバカな」と感じる人もいると思います（何が話されようがイベントの挨拶スピーチは聞き流すという人もいるでしょう）。

お天気以外にも、たとえば外を歩いていたら鳥のフンが落ちてきて頭を直撃したといった不運に対して「こんな目にあうなんて、なにか悪いことでもしたかな……」と自分の過去の行いを振り返ろうとする人もいれば、「うわぁ、最悪だ！」で終わる人もいるでしょう。本来物理的な因果関係がない2つの出来事に対して、公正推論をしやすい人とそうでない人がみなさんのまわりにもいないでしょうか？

公正推論をしやすい人や、多くの人が公正推論をしやすくなるきっかけを明らかにするための研究は、欧米を中心に行われてきました。前者は個人の特徴といった内的な要因の効果、後者は環境や状況など、外的な要因の効果を明らかにするための研究と言い換えることもできます。

個人の特徴でいうと、自分の日常生活において、宗教的、または精神的な信仰を大切に考える人は、そうではない人たちよりも、悪い人に起こった不運な出来事に対して日頃の行いの結果であると考える（内在的公正推論をする）ことが明らかになっています。同時に、不運な目にあった人が良い人か悪い人かに関係なく、将来きっと不運は幸運によって埋め合わされるに違いないと期待する（究極的公正推論をする）傾向が強いことも示されています。

宗教の教えには、「その人が今得ているものは、過去の行いの結果である」と示すものがあります。そして、良い行いを心がけることの重要性や、時に死後の世界を含む遠い未来の幸せについて考える機会を提供します。これらの教えに基づくと、「悪い人」の不運に対しては内在的公正推論をすると同時に、不運な目にあった人物の道徳性に関係なく、いつの日か不運（苦しみ）は幸運で埋め合わせられると期待する究極的公正推論を通した公正世界信念の維持も行いやすいのではないかと考えられます。

次に、多くの人に公正推論をさせるきっかけとなる、状況の効果（ここでは実験によって与えられた課題の効果）について見ていきましょう。内在的公正推論を扱った過去の研究によると、実験中に、5年後、10年後、15年後といった遠い未来の自分の目標を頭の中にイメージし、それを書き出す課題を行うと、1時間後、12時間後、24時間後に行う活動を書き出す課題を行う場合よりも、悪い人に起こった不運に対して内在的公正推論をしやすくなることが示されています。

15年先の目標を達成するためには、世界がこれまでと変わらず、安定して秩序だっていることが大前提になります。なぜなら、15年後の世界の秩序が今とまったく違っていたら、現在の自分が考える目標自体が荒唐無稽なものになっている可能性が出てくるからです。遠い将来の目標を意識し書き出すことで、公正な世界に対する希求が強まったと考えられます。しかしそれは同時に、公正な世界のルールにのっとった原因と結果の関係への固執にもつながります。それゆえ、不運な目にあった悪い人に対して、日頃の行いの結果そのような目にあったのだと、しらずしらずのうちに強く推論してしまうようになるという心のプロセスの説明は納得できます。

不運に対する公正推論の文化差

さて、ここまでで紹介した公正推論を強める要因に関わる結果は、すべて欧米の人たちを研究対象としたものでした。上述した「宗教を大切に考えているかどうか」は、信仰の対象がキリスト教であり、日本人に馴染み深い仏教や、その他の宗教を信仰する人たちでも同様の傾向があるかは検討されていません。公正世界理論の枠組みでは、文化や宗教の違いの影響を十分に検討できておらず、課題となっています。

公正推論を原因帰属（自分や他者の行動の背景にある原因を推測したり判断したりするプロセス）の一種だと考えると、第1章で紹介したように、洋の東西で文化差が存在してもおかしくありません。たとえば日本を含む東洋の文化で広く受け入れられている、さまざまな事象はお互いどこかで、何かしら関連しあっているというモノの見方は、本来物理的な因果関係がないような2つの事象に関連を見出すという意味で公正推論を強める可能性もあります。

公正推論と信仰の関係はどうでしょうか。特定の信仰を持たない人たちが多数を占め、同時に、最も馴染み深い宗教は仏教であると回答する人が多い日本において、欧米同様に、信仰を大切に考えることが公正推論を強めるかははっきりとしません。

5年後、10年後、15年後の目標を思い描き、それを書き出す課題を行った後に公正推論をしやすくなるという研究結果も、再検証の余地があります。実験冒頭の課題（5年後、10年後、15年後の目標を書き出すこと）が外的な要因となり、続けて与えられる実験課題の回答結果（不運な目にあった人に対する内在的公正推論の程度）に影響を及ぼす可能性を調べるような実験デザインは、公正推論の研究のみならず、多くの社会心理学の研究で用いられます。しかし欧米で実施されたこのような実験デザインの研究結果を、日本を含む他の文化圏で再現しようとしても再現できない、というケースが少なからず報告されています。

得られた研究知見の一般化可能性に関わる議論は、近年WEIRD問題（研究参加者のほとんどが、西洋の［western］教育を受けた［educated］、工業化され［industrialized］、豊かで［rich］、民主的な［democratic］人たちで構成されているにもかかわらず、得られた結果を人間一般に見られる傾向と捉え議論すること）としてもしばしば話題に上がります。公正推論についても、異なるバックグラウンドをもつ人たちを対象にして欧米の研究と同じ結果が再現されるのかどうかを確認する価値はあるでしょう。

このような問題意識のもと、私は欧米で示された結果が日本人でも同様に示されるのかを確かめてみたくなりました。ここからは、私が中心となって行ってきた公正推論に関わる再現研究や国際比較研究について紹介していきます。

日本人を対象とした研究

さて、公正推論自体は、直感的には日本人でも欧米の人たち同様の傾向が認められそうに思われます。ここまでの内容を読んだみなさんも、悪い人の不運には「日頃の行いが悪いから」、良い人の不運には「そのうちきっと良いことあるさ」と考えやすいという説明については「たしかにそんな気がする」と思ったのではないでしょうか。天気と日頃の行いをつなげるようなスピーチや、その他些細な幸運や不運を「日頃の行いの結果」と考えることに共感する人もいるでしょう。公正推論という概念そのものが日本では通用しない、ということはなさそうです。

公正推論が欧米同様の形で行われるのか、また、行われるとしたら、どういった要因によってこのような推論が強まるのかを検証するために、まずは日本人を対象として、これまでに欧米で行われた実験手続きを踏襲した形で研究を実施することにしました。欧米の研究と同じ結果が得られれば、公正推論は文化の違いに影響されないことを示す1つの証拠になります。同じ結果が得られなかった場合は、公正推論は文化によって異なる可能性があり、さらに精緻な検討をする必要が出てくるでしょう。

最初に実施した研究では、(1) 公正世界のルールと一貫した公正推論が日本人でも行われるのか、(2) 信仰を大事に考えることは公正推論を強めるのか、(3) 長期目標をイメージし、それを書き出すと公正推論をしやすくなるのか、の3つを検討することにしました。

参加者は、ランダムに長期目標条件と短期目標条件に割り振られます。長期目標条件では、1—5年後、5—10年後、10—15年後の間にそれぞれ達成したい目標について書いてもらいました。一方、短期目標条件では、次の1時間、1—12時間後、12—24時間後に行うであろう活動について書いてもらいました。その後、すべての参加者に対して「今書いてもらったことを実現するために、世界がどの程度公正で秩序だっている必要があると思いますか」と質問しました。その結果、長期目標条件の方で、短期目標条件よりも、書き出したことを成し遂げるためには世界が公正で秩序だっている必要があるという回答が見られました。少なくとも、2つの条件の間で、公正世界を必要なものと考える程度に差があることが示されました。ここまでは過去に実施された、欧米の人たちを対象とした研究と同じ結果です。

次に、先ほどの課題とは無関係の、別の研究にも参加してもらうと称して、架空の記事を読んだ後の反応を測定するフェーズに入ります。目標設定に関してランダムに2つの条件（長期目標or短期目標）に割り振られた参加者は、ここからさらに2つの条件に割り振られます（つまり、全部で4つの条件がありました）。1つの条件では、自動車事故に巻き込まれた人物が窃盗犯だったという記事を読みます。もう1つの条件は、自動車事故に巻き込まれた人物が周囲から尊敬される人だったという内容を読みます。自動車事故は、駐車中に突然街路樹が倒れてきて、運転席にいた窃盗犯（もしくは周囲から尊敬される人）が重症を負ったという状況で、まさに「不運」と呼べるものでした。

記事を読んだ後、窃盗犯（もしくは周囲から尊敬される人）が巻き込まれた不運について、その人の日頃の行いの結果であると考える（内在的公正推論を行う）程度と、その不運が将来のより良い人生によって埋め合わされると考える（究極的公正推論を行う）程度を測定しました。2種類の公正推論に加えて、参加者それぞれの宗教性についても測定しました。「お参り、参拝、礼拝などによく参加する」とか、「自分の日常生活において宗教的、または精神的な信仰は重要である」といった質問に対して「よく当てはまる」と思う人ほど宗教性が高くなります。

結果はどうなったでしょうか。データを分析したところ、欧米で得られた研究結果と一貫している部分と一貫していない部分の両方がありました。一貫していたのは、悪い人の不運には良い人の不運よりも内在的公正推論が行われやすいこと、そして良い人の不運は悪い人の不運よりも究極的公正推論が行われやすいこと、の2点です。公正世界の因果ルールに基づいた推測や期待の傾向は、日本人でも共通しているようです。

一方で、欧米の研究で得られたような、長期目標をイメージして書き出すことや宗教性の高さが2種類の公正推論を強める傾向は認められませんでした。以上から、文化に関係なく、公正世界の因果ルールに基づく推論はなされるものの、それを強める要因は、文化によって違う可能性が高いとの結論に至りました。

この研究の参加者は日本人だけだったので、次は欧米の人たちと日本の人たちが行う公正推論の程度を直接比較してみたくなりました。文化の違いが、公正推論を強めたり弱めたりする外的な要因となるのではないかという疑問に答えるデータも取りたくなったのです。

そこで次は、洋の東西で2種類の公正推論がなされる程度に違いがあるかどうかを明らかにするために、日本人とアメリカ人を対象にデータを収集し比較することにしました。参加者には、先に説明した「不運ストーリー」、つまり、街路樹が突然根こそぎ倒れ、運転手の男性が下敷きになり重症を負ったという架空の記事を読んでもらいます（日本人は日本語、アメリカ人は英語の文章を読みます。登場人物の名前も日本人用、アメリカ人用を用意しました）。

日本人とアメリカ人の参加者はそれぞれ2つの条件のいずれかにランダムに分けられます。一方にはその男性が過去に窃盗を犯した人物（悪い人）であると示され、もう一方は周囲から尊敬されている人物（良い人）であると示されました。その後、男性に起こったことについてどのように考えたかを（1）内在的公正推論と（2）究極的公正推論の側面から複数の質問項目を使ってたずねました。質問項目は1〜6点の範囲をとるようになっていて、6点に近いほどそれぞれの推論をより強く行っていることを示します。

回答データを分析したところ、日米で共通して、過去に窃盗を犯した人の不運には内在的公正推論が（図3－1）、周囲から尊敬される人の不運には究極的公正推論が行われやすい（図3－2）傾向が見られました。ただし同時に、文化差が確認されました。日本人はアメリカ人よりも、悪い人に対して、本来まったくの偶然で発生した事故にもかかわらず、日頃の行いのせいだとする内在的公正推論をしやすかったのです。また、不幸な目にあった人が良い人か悪い人かに関係なく、日本人はアメリカ人よりも、不幸は将来的になにかの形で埋め合わされるだろうと考える究極的公正推論をしにくいという結果も示されました。

この結果はなにを意味しているのでしょうか。まず、日本人は他者に起こった不運を見聞きした際、その人物に対する今後のより良い人生への期待を通して自分の不安を解消するような、究極的公正推論を行いにくいように見受けられます。これまでにも紹介

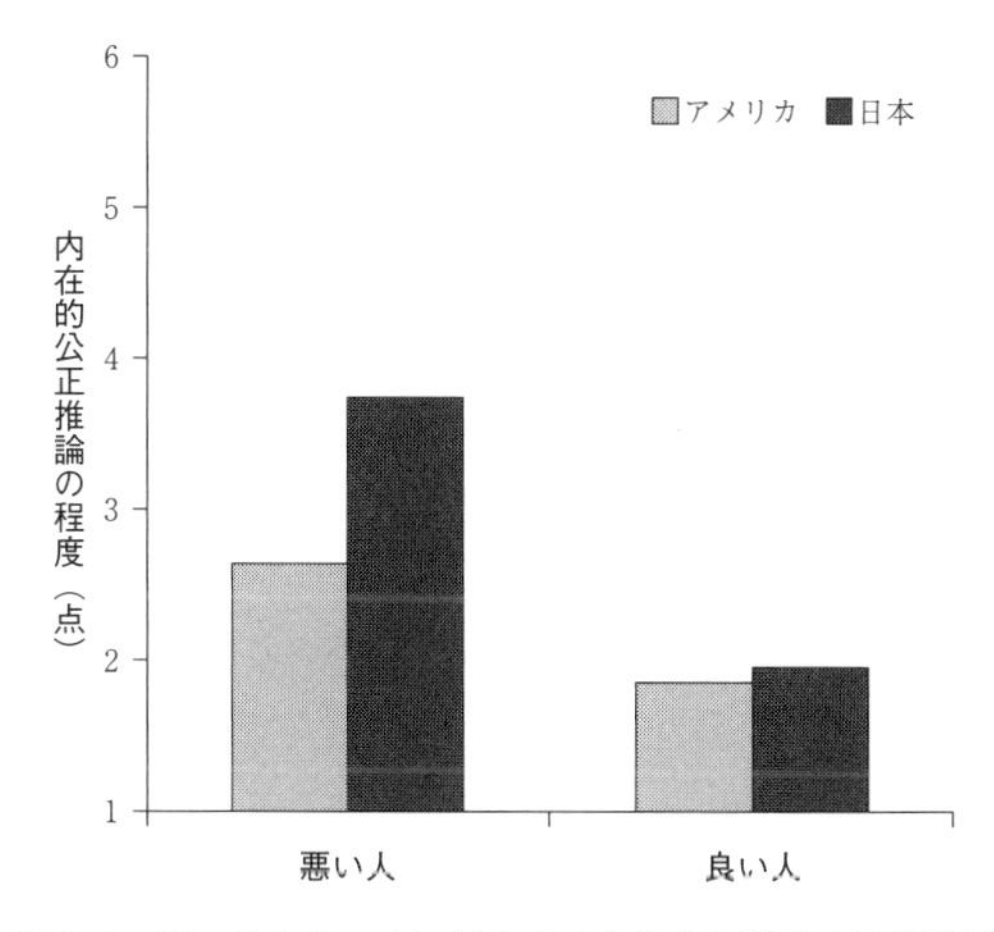

図 3-1　悪い人と良い人に対する内在的公正推論の日米比較

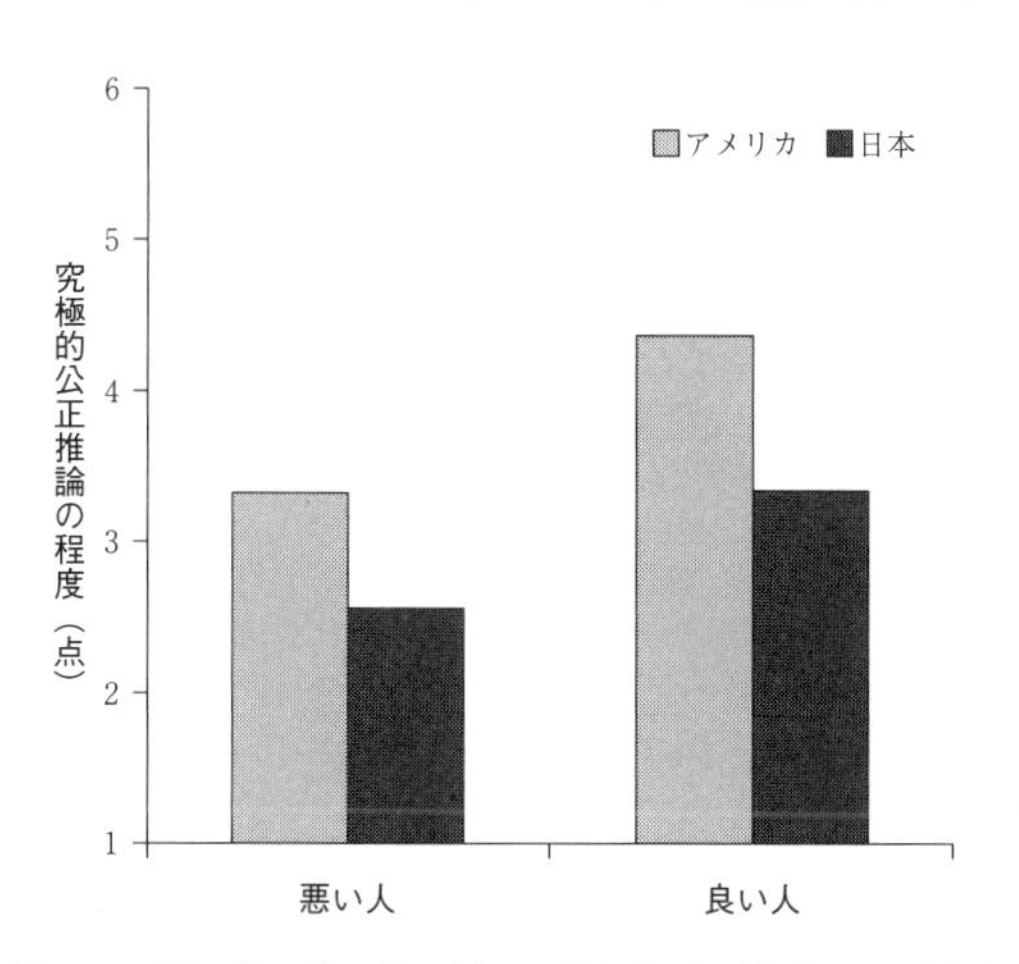

図 3-2　悪い人と良い人に対する究極的公正推論の日米比較

した通り、信仰は、時に死後の世界にまで及ぶ遠い先の未来を想像する経験を提供します。未来を想像することに慣れていれば、現在起こった出来事の帳尻を未来で合わせるという究極的公正推論が頭のなかに浮かびやすいかもしれません。しかしながら日本人の多くは特定の信仰を持ちません。ゆえに究極的公正推論という概念自体が、日本の人たちにとっては馴染みが薄いという可能性もあるでしょう。

改めて考えてみると、私たちが絵本などで触れる公正世界の因果ルールは、たいていは悪い人がひどい目にあうとか、頑張った人は報われるとかいった、現在得ているものは過去の行いの結果であると考える内在的公正世界信念に関わる内容で構成されています。悪い人の不運に対して日本人がアメリカ人よりも内在的公正推論を強く行う背景には、究極的公正推論を通した公正世界信念の維持に慣れていないからかもしれません。「悪い人」に日本人が強く内在的公正推論を行う理由は、今後さらに検討していく必要があります。究極的公正推論は、不運な目にあった人物を直接的に傷つけることはありません。なぜならその人物の遠い将来の幸せを予期、つまり、より良い未来への期待を通して自分の不安を解消する手段だからです。

しかし内在的公正推論は違います。本来であれば無関係の事象の間に因果関係を想定し、「不運は日頃の行いのせいである」、「自業自得だ」と推論する人が多数を占める社会では、不運な目にあった人がサポートを受けられなくなるかもしれません。たとえば、病気や怪我、経済的な困窮は、社会の変化や偶然によって誰にでも起こりうる「不運」とも捉えられます。しかし、そのような出来事の原因を直接的には関係がない「人となり」に安易に求めるようになってしまうと、問題の本質を見失ったり、時に不確かな情報を信じてしまったりするようなことにもつながりかねません。

新型コロナウイルス感染症で亡くなった有名人が、非喫煙者であるにもかかわらず「ヘビースモーカーだから仕方がない」とされSNSで誤った情報が拡散したことがありました。見ず知らずの誰かの不幸をまのあたりにすると、とにかく何か、その人の「日頃の行い」のせいにして安心したいという思いは、時にデマの拡散に加担することにもつながります。なぜ日本において内在的公正推論が行われやすいのかという点については、現実社会の問題を理解し、問題解決のための手段を考えていくという観点からも、重要な研究テーマの1つと言えるでしょう。

仏教を信仰する日本人と特定の信仰がない日本人

さて、2つ目の研究では、信仰の有無や信仰対象についても合わせて質問をしていました。そうすると、やはりアメリカ人では研究参加者の半数以上はキリスト教を信仰していて、日本人では半数以上が特定の信仰を持っていませんでした。また、日本で信仰の対象として一番多かったのは仏教でした。信仰によって公正推論が強まるとしたら、日本では仏教を信じる人たちの方が、特定の信仰を持たない人よりも公正推論をしやすくなるのかもしれません。

そこで3つ目の研究として、日本人の仏教徒と特定の信仰のない人たちの内在的公正推論について比較してみようと考えました。ついでに、アメリカ人についても、キリスト教徒と特定の信仰のない人たちで同じように比べてみることにしました。アメリカ人のキリスト教信者で、特定の信仰がない人たちよりも内在的公正推論を行いやすいという結果が得られたら、これは過去の研究が再現されたことになります。この研究でも、

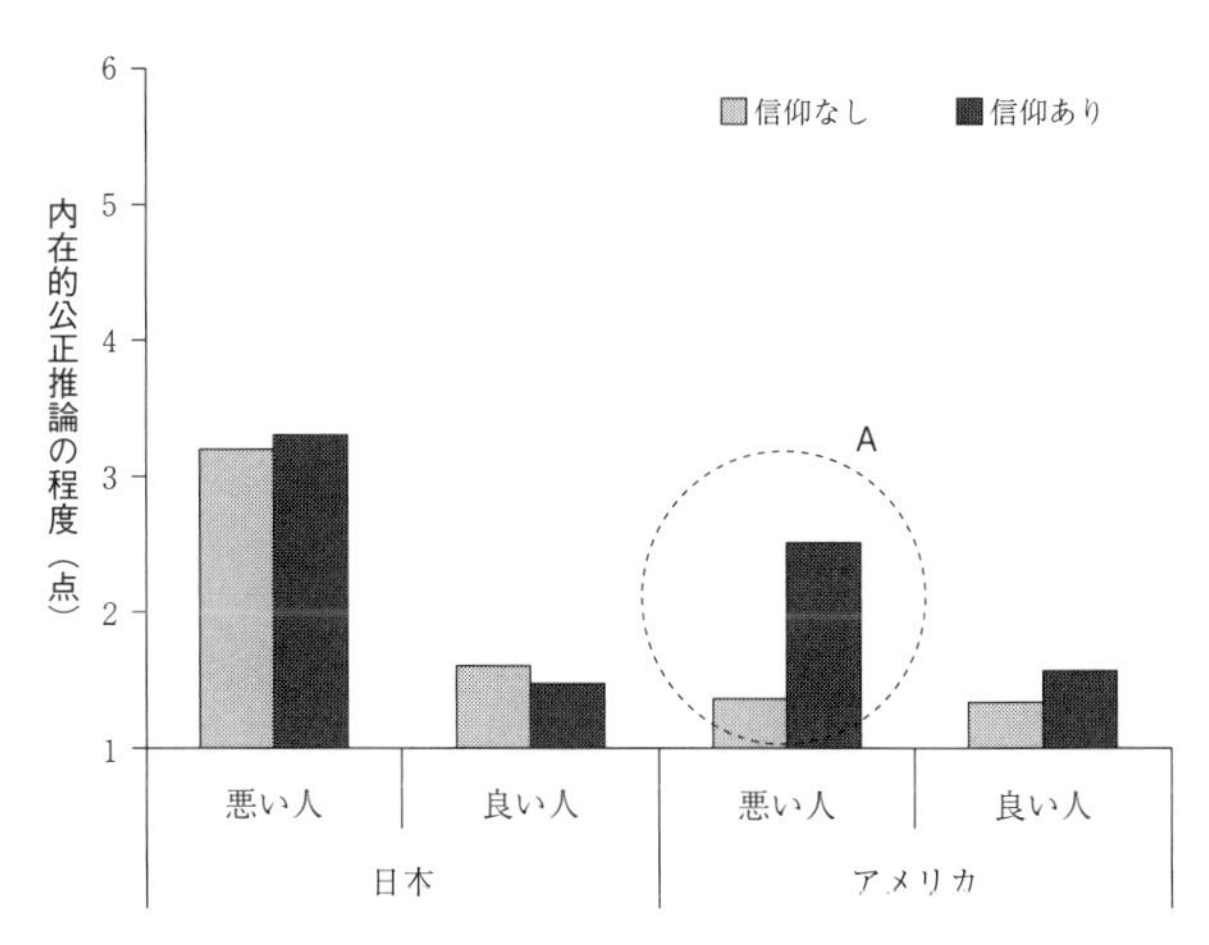

図3-3　信仰の有無と不運な目にあった人の道徳的価値（良い人か悪い人か）が内在的公正推論に及ぼす影響

これまでと同様の「不運ストーリー」と、窃盗犯（悪い人）、周囲から尊敬される人物（良い人）の設定を用いました。

結果は図3－3のようになりました。アメリカ人では、悪い人に対する内在的公正推論に信仰の有無の効果が顕著に見られています（図3－3　Aの部分）。過去の研究結果と一貫して、キリスト教を信仰するアメリカ人は、特定の信仰がないアメリカ人よりも内在的公正推論をしやすかったという結果です。一方日本人は、信仰の有無に関係なく、悪い人に対して内在的公正推論を行っており、2つ目の研究同様、アメリカ人よりもその傾向は顕著でした。つまり、少なくとも日本人の内在的公正推論のしやすさに、信仰の効果はなさそうだと、この結果は示唆しています。なにかの宗教を信じているということではなく、日常の経験や学習、日本社会で広く共有されている規範のようなものが、影響を及ぼしているようです。

現時点でわかっていることは、残念ながらここまでです。ただし、日本人が内在的公正推論をしやすい背景にはいくつか要因があると考えています。

第一には、少し前にも触れた通り、帰属の文化差と共通する視点、つまり日本を含むアジアの文化圏の人たちの間で、さまざまな事象はお互いどこかで、何かしら関連しあっているというモノの見方が広く受けいれられていることに由来する可能性です。この仮説は、たとえば日本を含むアジアの複数の国と、欧米のデータとの比較を通して検討できます。もし、アジアの他の国の人たちよりも日本が突出して内在的公正推論をしやすいという結果が出たとしたら、この仮説には再考の余地があるということになります。

第二には、日本の社会生態学的な環境に由来する可能性です。日本は地震や台風などの自然災害が多く、人口密度も高い国です。そのような国では、社会的な規範が強く、道徳違反を犯した人に対して厳しい反応を示すことがこれまでの研究でわかっています。そのような社会では、不運な出来事が過去の行いに対する「罰」として解釈されるのかもしれません。

まとめ

第3章では、私たちが公正世界の因果ルールに沿ったストーリー展開を期待し、他者に起こった不運を理解しようとする傾向を紹介しました。また、公正推論を対象として私が中心となって行ってきた研究をいくつか紹介しました。ひとつひとつの研究からは少しのことしかわからず、公正推論の文化差を満足いくレベルで説明できた状態にはありません。特に、日本人がなぜ道徳的価値の低い人物に対して内在的公正推論をしやすいのか、そのはっきりとした原因はまだわかりません。

しかし、わからないことに対して焦ったりせず、一歩一歩着実に検討を進めることが大事だと考えています。社会はとっても複雑で、かつ変化するものです。そのような社会で観察される事象を理解するためには、さまざまな可能性を考慮しながら謙虚にデータに向き合うことが重要です。社会心理学が近年直面している再現性問題やWEIRD問題も踏まえながら、この本を手にとってくれたみなさんに、またどこかで、今後の研究展開や得られた知見を紹介できるように引き続き研究を進めていきます。

そして最後に、少し注意をしていただきたいことがあります。公正推論の研究では、良い人、悪い人、とわかりやすく2つにわけて実験を行いました。しかし、現実社会では、「悪い人」がいつでもどこでも悪い人であるわけではありません。何か1事例を観察しただけで、あの人は良い人だ、悪い人だ、のようなレッテルを容易に貼ってしまわないように気をつける必要があるでしょう。ただし残念ながら、私たちには物事をできる限り単純化して理解しようとするクセがあります。次章では、私たちが容易に人をカテゴリーに当てはめ、そのカテゴリーに対して好きとか嫌いとかいった感情を抱いてしまう傾向について説明します。

第4章　人は、世界をカテゴリー化して理解したい――ステレオタイプ・偏見・差別

第2章と第3章では、私たちが「人はその人にふさわしいものを手にしている」に代表されるシンプルで都合のいい因果ルールや世界観に基づいて、他人に起こった出来事の原因を推測したり、将来に起こりうることを予期したりするという「心のクセ」を説明しました。第4章では、少し視点は異なるものの、引き続き、私たちが、さまざまな情報を極力「楽して」処理しようとすること、そして楽をしようとする結果、容易に「私たち」と「あの人たち」といったウチとソトの関係性に巻き込まれてしまうことについて考えていきます。

白熱する運動会

さて、第4章では、小学生の頃を思い出してもらうことから始めましょう。

日本の多くの小学校では、5月や10月など、比較的気候がいい時期に運動会が開催されます。たいていは赤と白に分かれて、徒競走や綱引き、リレーなどが行われます。そして最後に、赤組か白組が優勝します。私は小学校を卒業してもう随分と時間が経ちましたが、まだぼんやりと、運動会のときのいろいろな記憶が頭に残っています。中でもふとした時に思い出すのは、運動会が終わった後に、赤組の子と白組の子が取っ組み合いのケンカをしていた場面です。勝った色の子が、負けた色の子に「弱かったなぁ」といった言葉を投げかけ、それに立腹して大ゲンカ……という流れです。似たような経験をしたことはないでしょうか。ケンカにはならずとも、一触即発……といった状況に遭遇した人はいるかもしれません。

でも、大人になって改めて考えてみるとすごく不思議です。何が不思議かというと、赤組、白組は、自分たちで選んだわけではなく、先生から「このクラスのみなさんは、今年は白組です」とか、「出席番号が偶数の場合は赤、奇数は白組です」などと言われて決まることがほとんどです。つまり、どちらの色を選ぶかという選択肢は子どもたちにはありません。たまたま、偶然決まった色のチームに所属しただけなのに、なぜ、勝ったらうれしく、負けたら取っ組み合いのケンカをするほど悔しいのでしょうか。

サマーキャンプでの争い――泥棒洞窟実験

運動会のように、たまたま振り分けられた集団に所属することになった少年たちの振る舞いを対象にして、集団間の敵対関係の発生から解消までのプロセスを観察した古典的な社会心理学の研究があります。1954年の夏に、オクラホマのキャンプ場に11歳と12歳の少年たちを集めて行われました。キャンプ場の名前が泥棒洞窟（The Robbers Cave）であったことから、この研究は「泥棒洞窟実験（The Robbers Cave Experiment）」とも呼ばれます。

この実験は、3つのフェーズに分かれています。まず第1フェーズでは、少年たちは2つの集団（ラトラーズとイーグルス）に分けられました。ただし、自分たちの集団以外にもう1つ集団が存在していることは知らされません。もう一方の集団の存在を知らない状態で、集団内の少年たちはさまざまな活動を通してお互いの親睦を深めていきます。

第2フェーズでは、自分たちの集団以外にもう1つ集団が存在することを知らされます。そして、野球などの試合を通して、相手集団に対するライバル心が強まっていきます。野球の試合中に相手をののしる発言も出ました。集団同士の敵対関係はどんどんエスカレートし、相手集団が作成した「団旗」を夜中に燃やすといった危険な行為にまで及びました。

ここで興味深いのは、第1フェーズでは暴力的とされ集団内での評判が悪かったメンバーが、第2フェーズでは頼もしい「仲間」として称賛をえるようになったことです。テレビ版ドラえもんだと乱暴者として嫌われるジャイアンが、映画版になるとなぜか頼もしく感じてしまうのと似ています。戦う相手がいると、同じような振る舞いをしていても周囲からの評価が変わることがあるのです。

第3フェーズでは、敵対関係を緩和するために、複数のイベントが用意されました。まずは食事などの活動を通して、お互いがやりとりする機会を作りました。しかし残念ながら、食べ物や食器を投げつけ合う悲惨な結果が待っていました。そこで、2つの集団が協力しあわないと解決できないような問題を発生させ、それに対処させました。たとえば、溝にはまって動けなくなった自動車を協力して持ち上げたり、水を手に入れるために、故障した機械を直したりするといった活動です。すると、少しずつ、お互いの集団メンバーの関係性が友好的なものに変化し、第2フェーズで生まれた敵対関係が改善したのです。

この研究の結果は、たまたまふり分けられた集団にもかかわらず、同じ集団（内集団）のメンバーには仲間意識を、異なる集団（外集団）のメンバーには敵対感情を持ちやすいこと、そして、お互いの関係性を改善するには、両方の集団が協力しないと解決できないような、上位目標の設定が有効であるということを示しています。

「上位目標」という視点は、私たちの実生活はもちろん、より大きな枠組みにおける協力関係においても重要な示唆を与えてくれます。たとえば環境問題について、複数の国や地域が共同で解決を試みるような活動（二酸化炭素排出量の削減目標など）は、その目標がお互いにとって重要である限り、これまで敵対的だった国家間の関係を幾分良好なものにするきっかけとなるかもしれません。残念ながら、いつでもどこでも、この上位目標がうまく機能するとは限りませんが、1つの手段として頭の中に入れておくと役に立つこともあるでしょう。

上位目標の他にも、集団による対立を避ける方法はいくつか考えられます。中でも、そもそも敵対関係が生じにくいようなシステムを用意する、という視点は重要です。運動会であれば、赤と白だけではなく、青などの別の色を加えて3チームとし、2つの集団による対決姿勢が鮮明にならないようにする学校もあるようです。私の出身高校では6つの色（赤、白、緑、紫、黄、青）に分かれていましたが、あらためて考えてみると、勝敗についてはほとんど気にならない、良いシステムでした（高校生であれば、運動会の勝敗でつかみ合いのケンカがおこることもないでしょうが）。世界的に人気が高い、スマートフォンで楽しむポケモンGOというゲームも、プレイヤーは赤、青、黄の3チームに分かれてプレイします。これがもし2チームだったら、ゲーム以外の場所でプレイヤー同士の軋轢（あつれき）を生みやすい状況になっていたかもしれませんね。

社会の中のさまざまな集団

泥棒洞窟実験や運動会の赤組と白組のように、たまたま振り分けられた集団以外にも、社会にはたくさんの集団が存在します。ここで「集団」について少し整理しておきましょう。

集団には、ひとりひとりが識別可能な、比較的小さなサイズのものから、プロスポーツの観客集団のような大きなサイズまで、さまざまあります。社会心理学で「集団」を対象として研究が始まった頃には、同じ目標に向かう、相互依存関係にある、比較的少人数で構成された人々の集まりを「集団（group）」と定義していました。そして、集団の生産性を高めるために必要な条件や、集団内での円滑なコミュニケーションを促進する要因について検討がなされました。「チーム」といった言葉で表現されるような人の集まりを想像するとわかりやすいでしょう。

しかしその後、人はたとえ相互に依存し合ったり、共通の目標を持っていたりせずとも、特定の「カテゴリー」を共有していさえすれば、そのカテゴリーに基づく集団の一員であると自らを認識する傾向があるのではないかとの議論が生まれました。実際、私たちはさまざまなカテゴリーに基づいて自分を特定の集団の一員とみなし、同じ集団に分類される、まったくの赤の他人に対してでさえ一方的に仲間とみなすことがあります。同じ中学校や高校の卒業生というだけで、直接交流する機会が今後なさそうな相手でも妙に親近感がわき、「仲間」と認識した経験がある人もいるのではないでしょうか。

同じカテゴリーを持つ人たちで構成された集団の誰かが名声を得たら、自分まで何かを成し遂げたかのような気分になることもあります。春と夏の全国高校野球などはその典型と言えるでしょう。母校のチームを多くの卒業生が熱心に応援し、勝敗に一喜一憂する姿はテレビの中継やニュース番組で何度も見かけたものです。

特定の集団に所属するために自分が費やした時間や努力が大きいほど、その集団への帰属意識や、所属メンバーに対する仲間意識は強まります。同時に、なにかひどい目にあわされたわけでもなく、面識すらない相手に対しても、自分と異なるカテゴリーの集団に所属する人に対しては、「私たち」とは違う「あの人たち」と認識し、時に敵対感情を抱くような傾向があることが理解され始めました。そしてこのような「集団間の関係性」という文脈における、人のさまざまな感情状態や態度、意思決定過程などを対象とした研究が整理、検討できるようになりました。

特定の社会集団に対するイメージ――ステレオタイプと偏見

自分の持つカテゴリーに注目したとき、みなさんはどのようなカテゴリーの集団に所属していますか？　ここで、第1章で紹介した「20の私」が役に立ちます。「私は〇〇。」に当てはまる、外的（属性に関わる）要因――たとえば、女性、高校生、バスケットボール選手――は、私たちの社会に存在する、ある種の集団と捉えることができます。これを「社会集団」と呼びます。

では、次は自分自身のことではなく、社会集団としての「女性」、「高校生」、「バスケットボール選手」などのイメージを頭の中で想像してみてください。みなさんの頭の中に浮かぶ「バスケットボール選手」はどんな姿をしていますか？　背が高くて、タンクトップのユニフォームを着て……もしかすると外国の男性かもしれません。「まさにそういうイメージが頭の中に浮かんだ！」という人はいましたか。

「バスケットボール選手＝背が高い」のように、ある社会集団に属する人たちに共通すると考えられる、身体的な特徴や、行動傾向、性格などについて、私たちがもつイメージをステレオタイプといいます。実際にはバスケットボール選手には背の低い人もいるでしょうし、女性も多く存在します。にもかかわらず、バスケットボール選手としてみなさんがイメージしたのは、背の高い男性だったのではないでしょうか。

ステレオタイプは、日常生活におけるさまざまな経験を通して形成されていきます。バスケットボール選手であれば、ＮＢＡや国際試合のテレビ中継で目にする機会がありますす。そして、そこで得た情報に基づき、少しずつバスケットボール選手に共通する特徴（背が高い、男性）が抽出され、それがイメージとなって頭の中に残ります。ただし、自分がバスケットボール選手だったり、知り合いにバスケットボール選手がたくさんいる場合は、ステレオタイプの影響は受けにくいかもしれません。なぜなら、同じバスケットボール選手でも、さまざまな特徴を持った人たちがいることを知っているからです。

特定の社会集団に対するイメージには、しばしば偏見が伴います。偏見とは、ステレオタイプに好き嫌いの感情が伴ったものです。若者は「騒がしい」、高齢者は「わがまま」のようなイメージは、「嫌い」の感情が伴う偏見の典型例です。ニュースやテレビドラマなどでそのような場面が報道されたり描写されたりすると、それが偏見につながることもあります。また、特定の社会集団に所属する特定の誰かとのコミュニケーションで抱いた印象を、その社会集団に所属する人たち全体に当てはまる特徴として捉え、それが偏見となる場合もあります。多くの場合、偏見は知らないことから生まれます。

偏見と聞くと、「嫌い」の方の感情のみが伴うものとして認識されたり、社会問題として注目されたりしがちですが、先に説明したとおり、「好き」、つまりポジティブな感情を伴う場合も偏見です。女性に対する、「料理上手」、「気が利く」といったポジティブな感情を伴うイメージなどがそれに当たります。男性にも料理上手や気が利く人はたくさんいるでしょう。

こう説明すると、ステレオタイプや偏見を持つのは良くない、と考える方もいるかもしれません。確かに、よく知らない相手に対して、特定の社会集団に所属しているというだけで好きとか嫌いの感情を生じさせる偏見はよくありません。しかし、情報処理の観点から言うと、少なくともステレオタイプは私たちの日常生活においてなくてはならないものとも捉えられるのです。

物事を単純化して認識するという、ステレオタイプの利点について考えてみましょう。第1章でもふれたように、私たちは日々多くのことをこなしながら生活しています。また、数々の意思決定も行っています。朝食を何時までに食べなければならないのか、学校の昼休みには何をするか、課題をどれくらい進めておくか、といったように。このプロセスにおいて、膨大かつ複雑な情報を単純化して認識し、処理できれば、それは私たちの認知資源（頭の中でいろいろ考える時に消費するエネルギーのようなもの）の節約につながります。節約した認知資源は、自分にとって特に重要な意思決定について熟慮するために費やすこともできるでしょう。人は認知能力が高いからこそ、ステレオタイプに基づいた物事の理解や整理ができるとも言えるのです。

偏見が生む差別

ステレオタイプに関しては、情報処理の観点から私たちの日常生活になくてはならない側面もあります。しかし、ステレオタイプに伴って生じる偏見は、差別に発展します。みなさんの多くは、「偏見や差別はよくない」という言葉を聞いたことがあると思います。並列的に扱われがちなこの2つの言葉は、実はそのような並列の関係ではありません。偏見が感情を伴う個人の内的な認知過程（頭の中で起こること）であるのに対して、差別は特定の社会集団に実質的な不利益や利益をあたえる明確な行動として表に現れるものとして区別できるのです。

人種差別や性差別はその典型でしょう。2018年に問題となった医学部受験における性差別をご存じでしょうか。一部の医学部入試において、女性という理由だけで、一律に点数が引かれていた問題です。この背景には、女性は男性に比べて体力的に劣るから、過酷な医師という仕事には向いていないとか、女性は結婚や出産をしたら、仕事を辞めるから無責任だといったステレオタイプや偏見が存在すると考えられます。それが、入試で得点を低くする、という差別につながっていたのです。

本来であれば、結婚や、夫婦の間に子供が生まれた際に、女性医師だけが仕事をやめざるを得ない職場環境や、医師という仕事そのものの過重労働を問題として、それを改善するために動く必要があるでしょう。男性であれば過酷な仕事に耐えられるわけではありません。特定の社会集団（この場合は女性）に対するステレオタイプや偏見は、その集団に属する個人の資質や能力に注意を向かわせ、医療現場の構造的な問題を見過ごすことにつながりかねないのです。

２０１９年のデータによると、日本の女性医師の比率はＧ７（Group of Seven：フランス、アメリカ、イギリス、ドイツ、日本、イタリア、カナダで構成される政府間の政治フォーラム）はもちろん、ＯＥＣＤ（Organisation for Economic Co-operation and Development：経済協力開発機構）加盟国（37カ国）の中でも最下位で、21・８１％となっています（1位はラトビアの73・７４％、平均48・７３％）。他国の状況を見る限り、女性医師の比率の低さは、女性の「生まれながらの能力や資質」などとは関係なく、日本社会の規範や構造の要因が大きいと予想されます。

医学部入試における性差別や医師の過酷な勤務状況などの問題が顕在化したことにより、環境改善への取り組みも始まっているようです。たとえば、2021年度の医学部入試では、データが存在する2013年度以降初めて、女性の合格率が男性を上回りました。また、医師の過重労働を改善すべく、政府による医師の働き方改革も進んでいます。これらの取り組みによって、短期間ですぐに大きな成果が得られるということはないかもしれません。しかし、より長期的にみれば、医療に携わる方々の働きやすさは、医療サービスを受ける人たちを含む、社会全体の利益につながると期待できます。

印象判断における重要次元――「能力の高さ」と「温かさ」

さて、私たちはいろいろな言葉を使って個人や集団に抱く印象を表現できます。ポジティブなものでいうと、優しそう、器用そう、親切そう、ネガティブなものとしては、だらしがなさそう、不真面目そう、無礼そう、など、他にもたくさん挙げることができ

「能力の高い男性はどちらだと思いますか」

ます。ただし、さまざまな表現がある中で、私たちは「能力の高さ」、「温かさ」という2つの次元を基準に、人や集団に対する印象を形成しやすいことが示されています。

この2つの次元の重要性をみなさんにも実感してもらうために、まずは「能力の高さ」と「温かさ」に基づいた判断を経験してもらうことにしましょう。上の2つのイラストを見てみてください。左右ともに、20〜30代の男性でしょうか。ここで、「能力が高い男性はどちらだと思いますか」、と聞かれたら、あなたはどちらを選びますか？　深く考える必要はないので、ぱっと頭に思いついた方を選んでください。続いて、「温かいのはどちらだと思いますか」、と聞かれた場合も考えてみてください。

この質問を授業などで行うと、ほとんどの場面において、多くの人が、右側の男性よりも左側のイラストの男性を「能力が高く」、「温かい」と判断します。よくよく考えたら、不思議議です。ただのイラストで、実在する人物ではありません。また、このイラストの男性たちが具体的にどのような行動傾向や性格上の特徴を持っているのか、まったく情報が提供されていません。

本来であれば、能力の高さや温かさについて聞かれたら、半分の人が左側、残りの半分の人が右側の男性を選択するような、いわゆる当てずっぽうでみんなが選んだ場合に示される結果がでてもおかしくありません。しかし、この質問をすると、毎回一貫して、一方に偏った結果になるのです。これはつまり、私たちが「能力の高さ」と「温かさ」に関して共通したイメージを持ち、そのイメージをもとに他者の第一印象（外見）を判断していることを意味しています。

能力の高さと温かさの判断には、相補性があることもわかっています。相補性とは、一方が多くなると、もう片方が少なくなるような関係（お互いがお互いを補うあうイメージ）のことを言います。ジャッドたち（Judd, et al. 2005）が行ったいくつかの研究では、集団に対する印象形成の文脈から能力の高さと温かさの相補的な役割が検証されています。

彼らは第一の研究で、まずは研究参加者に「緑組」と「青組」の集団の特徴について書かれた情報を読んでもらいました。一方の集団の方が能力は高いけれど、どちらの集団も同程度に「温かい」ことを示す内容でした。つまり呈示された情報に基づくと、緑組と青組には、能力の高さには違いがあるものの、温かさには違いはない、ということになります。そのような情報を呈示した上で、2つの集団の「能力の高さ」と「温かさ」について、その程度を回答するように求めました。すると、能力の高さに関しては、呈示した情報と一貫して、「能力が高い」と説明された集団の方が、もう一方の集団よりも能力が高いと評価されました。

ここまではある意味当たり前の結果で、面白いのはここからです。「温かさ」に関しては、2つの集団で情報に差をつけていません。したがって、情報通りに評価されれば、

2つの集団でその程度に違いは見られないはずです。しかし結果は異なるものでした。「能力が高い」と描写した集団ではない、もう一方の集団の方が、より「温かい」と評価されたのです。

続く第二の研究では、「能力の高さ」と「温かさ」を入れ替えてみました。つまり、「温かさ」に関しては、一方の集団がより温かいけれど、「能力の高さ」はどちらの集団も同程度になるような情報を呈示しました。その後、1つ目の研究と同様に、2つの集団の能力の高さと温かさの程度をそれぞれ評価してもらいました。すると今度は、温かさの評価に関しては、呈示した情報と一貫して、一方の集団の方がもう一方の集団よりも「温かい」と評価されました。しかし、能力の高さに関しては、温かさの得点が低い集団の方が、より「能力が高い」と評価されました。

この2つの研究から、能力が高いと冷たい、温かいと能力が低いと評価されるという、2つの次元の相補的な関係性が見いだされたのです。ちなみに、温かく能力が高い人と、冷たく能力が高い人では、後者、つまり冷たく能力が高い人の方が、より「能力が高い」と評価されることも別の研究で示されています。

		能力	
		低い	高い
温かさ	冷たい	1. 侮蔑的偏見／ステレオタイプ 2. 侮蔑、嫌悪、怒り、敵意 (例：貧困層、薬物中毒者、犯罪者)	1. 羨望的偏見／ステレオタイプ 2. 妬み、ジェラシー (例：アジア人、ユダヤ人、お金持ち、フェミニスト)
	温かい	1. 温情主義的（家父長的）偏見／ステレオタイプ 2. 同情・共感 (例：高齢者、障がい者、主婦)	1. 賞賛（問題となりうる偏見やステレオタイプなし） 2. プライド、賞賛 (例：内集団、同盟国…いわゆる、仲間)

表 4-1　ステレオタイプ内容モデル（Fisk, et al.,〈2002〉を参考に作成）
※1：偏見やステレオタイプ　／2：生じる感情

ステレオタイプ内容モデル

能力の高さと温かさの二次元の組み合わせに基づいて、さまざまな社会集団がカテゴリー化され、ステレオタイプ的な理解がなされることもわかっています。そして、そのような理解がなされる社会集団に対して人が抱きやすい感情、つまり偏見についても整理されています。ステレオタイプ内容モデルをもとに作成した表4－1をご覧ください。

まず、能力が高く温かい集団とは、

自分にとっての仲間に分類される人々です。同じ部活のメンバーや、同盟国の人々などがそれに当たります。このような社会集団に対しては、賞賛や誇らしさといった感情が伴うため、差別につながるような偏見は生じにくいと考えていいでしょう。一方、能力が低く冷たい集団としては、薬物中毒者や犯罪者が該当します。このカテゴリーに分類される社会集団には嫌悪や敵意の感情が抱かれやすく、それは侮蔑的な偏見につながります。現代において、能力が低く冷たいと認識されるような社会集団を形成する人々は相対的に少なく、日常で接触する機会は限られています。

能力の高さと温かさの組み合わせにおいて、どちらか一方が高く、もう一方が低くなるような社会集団は両面価値的な人たちであると言えます。能力が高く冷たい集団には、アジア人、ユダヤ人、お金持ち、フェミニストといった社会集団が分類されます。これらの社会集団には、妬み感情が生じやすいことがわかっています。また、能力が低く温かい集団としては高齢者や障がい者、主婦が含まれ、同情や共感といった感情が生じます。

両面価値的な特徴を持つ社会集団に属する人たちとは、自分が仲間に対してするような直接的で親密なコミュニケーションを行う機会は少ないかもしれません。しかし、非対面でのコミュニケーションや、テレビのニュースやさまざまなメディアコンテンツを通した接触の機会はあります。

事件や事故のニュースでは、被害者や加害者が属する社会集団の種類によって印象が変わることもあります。例を挙げると、傷害事件や交通事故の加害者が裕福で社会的地位の高い人だった場合、そのような人に対して抱かれがちな妬み感情が、より加害者の非人間化を強めるかもしれません。また、被害者が高齢者や女性だった場合は、より一層、同情や共感の感情が生じるかもしれません。しらずしらずのうちに、私たちは属性情報のステレオタイプや偏見に基づいた印象や憶測をしてしまっているかもしれないという点には、自覚的でありたいです。

温情主義的偏見やステレオタイプがダメなわけ

「能力が低く、温かい」人たちとして分類される社会集団には、嫌悪や妬みのような負の感情ではなく、共感や同情といった肯定的な感情が生じると説明しました。ゆえに、ステレオタイプ内容モデルで定義される温情主義的な偏見に基づく差別に対して、問題に思わない人もいるかもしれません。偏見に基づく差別をしていることに気づかない場合すらあるでしょう。

温情主義は、パターナリズム（父権主義・家父長制）という言葉に置きかえ可能です。本人の意志や希望を無視して、その人よりも上の立場にいる人たちが、良かれと思ってあれこれと勝手にその人の行動や将来を決めてしまうことを言います。ステレオタイプ内容モデルに基づいて捉えると、「温かい人たちではあるけれど、能力は低いから、（相対的に能力が高い）自分たちが先回りをして助けてあげなければならない」という考えになります。

しかし、そのように考える時の能力の低さとは、一体どのような要素を指すのでしょうか。また、本人の意志をそっちのけにして、なんでも先に決めてしまうことは、短期的にも長期的にもうまく機能するものなのでしょうか。もしみなさんが中学生や高校生だったら、先生や保護者に勝手にいろいろ決められたり、自分のことをすべてわかって

図 4-1　ビールの広告

いるかのような言動をされたりすることに対して嫌な気持ちになった経験があるかもしれません。中学生や高校生でなくとも、親や職場の上司に似たようなことをされた経験が記憶に残っている方もいるでしょう。さまざまな理由から、保護やサポートが必要だとしても、本人の意志を無視して構わないことにはなりません。

温情主義的ステレオタイプや偏見が反映されていると考えられる例を見てみましょう。図4－1をご覧ください。これは、シュリッツというアメリカのビール会社が1952年にだした広告です。女性（おそらく妻）が料理に失敗しているのに対して、男性（おそらく夫）が「心配しないで、ビールは焦がしてないんだから！」というようなことを言って慰めている、という描写です。これをみて、みなさんはどう思ったでしょうか？　失敗した女性を男性が慰めているのだから、問題はない、と思いませんでしたか？　これがまさに、温情主義的偏見に気づきにくいポイントです。

確かに、この2人に限定した個別の関係性（Aさんの失敗をBさんが慰めている）においては問題ありません。しかし、広告は一般的に多くの人の共感や興味を得ることを念頭に設計されるものであり、ここで描写している2人は、AさんとBさんという単純な2者関係ではなく、女性と男性という2つの社会集団の関係性が反映されているとも捉えられます。そうすると少し違った見かたができます。つまり、若い女性は料理に失敗する＝能力が低い、というステレオタイプ的描写が含まれていると考えられるのです。加えて、結婚したら料理は女性が作るのが当たり前、という伝統的性役割に基づくステレオタイプ（規範的ステレオタイプやジェンダーステレオタイプと言います）も含まれているかもしれません。おそらく、料理の経験が浅ければ、男女問わず失敗する機会は多くなるでしょう。

このような説明をすると、時々「うちは妻（お母さん）が家庭のことをして、夫（お父さん）が外で仕事をしているけれど、お互いそれぞれの生活に満足しており、円満にやっている。なぜそれを責められなければならないのか」と反応されることがあります。注意していただきたいのは、ここまでに説明した内容は、とある夫妻の、とある事例について批判したり責めたりしているものではなく、社会集団としての男性、女性の役割の固定化がもたらす問題を扱っています。

特定のカテゴリー（この場合、性別）に基づく役割の固定化は、男性と女性というカテゴリーの関係性が社会の中で維持され続けることにつながります。そうすると、いつまでたっても、前述したような医学部入試における性差別に類する問題がなくならないという結果を導きます。

あらためて考えてみると、広告では、特定の社会集団に対するステレオタイプや偏見を助長するような描写が多いように思います。今回例に挙げたビールの広告は少なくとも、現在のアメリカ社会では性差別的だということで採用されないでしょう。

しかし残念ながら日本ではいまだに、ここまでのものとはいかずとも、類似した問題が話題になることがあります。日本は世界経済フォーラムが発表した2021年のジェンダー・ギャップ指数が156カ国中120位です。まだまだジェンダーステレオタイプに基づく広告を、それだと気づかず世に出してしまう構造が存在するのでしょう。みなさんもぜひ、消費者として広告を見る際に、そこにステレオタイプ的描写が含まれていないか意識してみてください。また現在、そして将来、広告を作る立場にある人は、特定の社会集団に対するステレオタイプや偏見が広告に含まれていないか、ぜひ一呼吸置いて考える時間をとってみてください。

広告は、短い時間でそれを見る人の注意を引きつける必要があるため、物事を単純化して理解するステレオタイプとの相性が良いとも言えます。しかし、より大きな視点で見てみると、ステレオタイプに頼った描写は、社会全体に不利益をもたらす諸刃（もろは）の剣かもしれないのです。

なお、性別による役割の固定化は、多くの場合、女性が不利な立場の存在として記述されます。しかし同時に、男性の選択の幅も狭めているという点も忘れてはいけません。男性にしばしば押し付けられるステレオタイプは、「泣き言を言わない」とか「結婚したら妻と子どもを養えるだけの収入を得なければならない」とか、「大学進学の際は、いわゆる理系の学部を選ぶべきだ」といったものでしょうか。このようなジェンダーステレオタイプは、なにか辛い出来事に直面した時、周囲に相談すれば解決できたかもしれない可能性を男性から奪ってしまうかもしれません。

父親として子育てに積極的に参加したくとも、周囲にジェンダーステレオタイプを強く持っている人が多いと、それが叶わないかもしれません。私は現在子育て中ですが、職場や公共の場での女性の育児支援は充実してきてありがたく思う反面、男性は積極的に育児に参加しようとしている人ほど職場での評価の低下や公共場面での育児サポートの欠如で苦しんでいるようにも見えます。たとえば男性トイレに赤ちゃんのオムツを交換するスペースがないと、父と子だけでは出かけにくいでしょう。環境面でも、男性の育児参加をサポートする必要があります。

偏見や差別を少なくするには

どうすれば偏見や差別を減らせるでしょうか。偏見や差別の源泉となるステレオタイプを通した情報処理は、私たちが生活する上で必要不可欠だという話をしました。また、私たちは世界のあらゆる社会集団と直接コミュニケーションをとることは不可能ですから、偏見を完全になくすというのも難しいでしょう。したがって、実質的に不利益を被る人をできるだけ少なくするという視点に立つとしたら、まずは私たちの心の中にあるステレオタイプや偏見を、差別という形で表に出さないというのがひとつの方向性であろうと考えられます。

特に「ことば」に関しては、そのほとんどが意識的、意図的に発信されるものです。ですから、差別的な発言をしないように、少なくとも気をつけようとすることはできるはずです。ただし、そうはいってもなかなか自分一人では難しい、と感じる人もいるかもしれません。そこで、差別は良くないという社会規範を醸成するコミュニティレベルでの取り組みや、差別の抑制を目指した社会制度の出番です。差別が許されない「状況」に取り囲まれることで、発言をコントロールできるようになる人たちが増える可能性は高まるでしょう。

同時に、特定の社会集団に対するステレオタイプや偏見を心の中で極力芽生えさせない、そしてそれを大きく成長させないことも重要です。1950年代から継続して進められている偏見の低減を目指した研究では、さまざまな社会集団の人たちとさまざまな形で触れ合うことに一定の効果を見出しています。泥棒洞窟実験のときのように、単に触れ合うだけではなく、そこに共通の上位目標を設定できればなお良いです。直接対面でやり取りする以外にも、間接的に話を聞いたり、メディアを使った情報収集も「触れ合い」にあたります。ですから、広告などの影響力のある媒体が逆効果の情報を発信しないことには意味があるのです。

近年では、自分たちがよく知らない「あの人たち」、つまり外集団が、みな同じような人たちで構成されているわけではなく、多くの異なる特徴を持つ人たちなのだと理解する方法で偏見を低減させるアプローチも注目されています。また、偏見を抑制する目的で行われる介入やアプローチは、小学生から大学生と、教育を受けている真っ只中の人たちに対して、より効果を発揮するようです。

私と息子の経験を少しお話しします。新型コロナウイルスによる行動制限がかかるより以前に、アメリカのポートランドで行われた学会に当時小学校2年生だった息子を連れて参加しました。私にとっては久しぶりのアメリカ、息子にとっては初めてです。ホテル近くのスーパーマーケットまでの道すがら、ホームレスとおぼしき人が、1人地面に座って何かぶつぶつと言っているのが見えました。2月のまだとても寒い時期です。通り過ぎる際に、案の定といっては悲しいですが、人種差別的な言葉を浴びせられました。これまでの経験から、何か言われてもとにかく目をあわせない、無視する、という方法を取ることを決めており、幸いそれ以上何か危害を加えられることはありませんでした。

しかし息子は「あの人何?」と、何が起こったのか、よくわかっていない様子でした。そこで、アメリカにおけるホームレスや人種差別の問題について少し話をしました。息子は「でも、いい人たちもいっぱいいたね」と返してきました。たしかに、機内でトイレを譲ってくれた人、スーパーマーケットでハイタッチをしてくれた店員さん、テイクアウトのハンバーガーができるまでにこれどうぞ、とポテトがたくさん入ったカップを渡してくれた店員さんと、優しくしてもらう経験をこの一件の前にたくさんしていました。息子にはそちらの方が強く印象に残っていたようです。

さて、このエピソードに出てきた「アメリカ人」について、私はあえて、人種や性別、年齢といった属性情報を示しませんでした。でもおそらくみなさんは、これまでの経験や知識などから属性情報を頭で補ってその場面をイメージしたのではないでしょうか。それがまさに、ステレオタイプや偏見です。1人だけ実際の属性情報を追加しますと、スーパーマーケットで息子とハイタッチをしてくれた店員さんは、白人の高齢男性でした。みなさんの頭の中のイメージと一致していましたか?

繰り返しになりますが、偏見や差別の問題は大変複雑で、何か1つの解決方法があるわけではありません。良かれと思ってしたことですら、効果が得られない場合もあるでしょう。また、偏見を抑制するために開発されたアプローチが、長期にわたって効果を発揮するのかどうかという点については、まだ十分なデータが揃っていない段階です。

しかし、同じカテゴリーに属する人(息子の経験の場合、アメリカ人)だからといって、全員が同じように振る舞うわけではないということを実際に経験したり、学習したりすることは、偏見の低減に少なからず役立つ可能性はありそうだと、私自身は感じました。自分とは異なる社会集団の存在を早い時期から知り、また、そのような社会集団にも多様な人たちが存在するのだと理解する努力をこつこつと続けていくことが何よりも大切なのではないかと思います。

まとめ

第4章では、自分と同じ属性を共有する人は「私たち」、共有しない人は「あの人たち」とし、ウチとソトの関係性を容易に作りだしてしまうことを示しました。また、日常生活において効率的に情報を処理しようとする結果、ステレオタイプ的な理解がなされやすく、それが偏見や差別といった社会問題に発展しうることも紹介しました。社会集団の関係性の固定化を防ぐ重要性にも触れましたが、一度固定化した関係性は、なかなか変化しにくいのも事実です。また、社会全体を見渡したとき、多くの人が問題だと認識し、変化や改善が求められる事案でさえ、そのまま放置される場合もあります。第5章では、私たちが、なぜ変化の必要性を認識しながらも、それを実行に移せないのか、変化を阻む要因について考えてみましょう。

第5章　人は、そもそも予測できない将来はのぞまない——現状肯定の心理

第1章から第3章までは、自分や他者に起こった出来事について、「私」、「あの人」、のように、個人と個人の視点で解釈しました。続く第4章では、私たちがさまざまな社会集団に所属し、「私」、「あの人」の関係性を超えて、「私たち」、「あの人たち」のように、集団と集団の視点から、その集団に所属する人の特徴を簡便な方法で理解しようとすることに触れました。

第5章では、集団間の関係性が反映された社会の構造は、変えようと思ってもなかなか変えられないこと、また、私たちはさまざまな理由をつけながら、この「変えられない」状況を肯定的に捉えようとしてしまうことに触れます。本章を通して、私たちの「心」と「社会」がどのように関わり合っているのか、そしてその関わり合いの複雑さについて、みなさんにお伝えできればと思います。

意地悪なお金持ち、心豊かな貧しい人

この章では、グリム童話の「貧乏人と金持ち」というお話の紹介から始めます。あるとき神様が、大きな家に住んでいるお金持ちの夫婦に1晩泊めてもらえないかとお願いしたところ、「誰にでも親切にしていたらこちらがもたない」と断られます（このお話の時代の神様は、私たちが想像するような見た目ではなく、下界で人と普通にやり取りをしていたのですね）。仕方なく、向かいの小さな家に住む貧しい夫婦にお願いに行ったところ、あたたかく迎え入れられ、夫婦から精一杯のおもてなしを受けます。それに感動した神様は、翌日家を出る前に、夫婦の願いごとを3つ叶（かな）えてくれました。貧しかった夫婦に幸せが舞い込んでくる様子を目の当たりにしたお金持ちの夫婦は気に入りません。夫が慌てて神様を追いかけ、自分の願いも3つ叶えてくれと要求します。さて、このあとの展開は……なんとなくわかりますよね。良い結果は得られず、散々な目にあうのですね（どんな結末か、気になる方はぜひインターネットで検索したり、その他のお話も含め

てグリム童話を読んでみてください)。

この物語の教訓は、親切な行いをした人に良い結果が、失礼な振る舞いをした人に悪い結果がもたらされるという意味で、因果応報でしょう。そして、読み終わった後は「めでたし、めでたし」と多くの人が思うはずです。しかし、ふと立ち止まって考えてみたら、私たちがごく当たり前に「貧乏人」と「金持ち」の存在を受け入れていることに気づきます。極端に貧しい人やお金持ちの人がいる格差社会は本来であれば好ましくなく、そのような格差は是正されるべきです。しかし、この物語の結末まで聞いて、「この話は、貧富の差が存在する世界は良くないということを私たちに伝えようとしているのだ」と思った方はほとんどいないでしょう。

なぜ私たちは「めでたし、めでたし」でこの物語を消費できるのでしょうか。ひどく単純化すると、この物語は意地悪なお金持ちが酷(ひど)い目にあい、心豊かな貧しい人が幸せを手にするお話です。ここで、第4章で説明した、さまざまな社会集団が温かさと能力の高さの程度に基づいてカテゴリーわけされることを示したステレオタイプ内容モデルを思い出してください。まず、意地悪なお金持ちは、冷たく能力の高い人に分類できま

お金持ちは冷たい？　貧乏な人はやさしそう？

す。冷たく能力の高い社会集団には、妬み感情が生じます。ただし、この人物が、後にひどい目にあうのを目の当たりにしたら、おそらく「ざまあみろ」のような感想とともに妬み感情は消えてしまうでしょう。

次に、心優しく貧しい人は、温かく能力の低い人に分類できます。[注1] 温かく能力の低い社会集団には、同情が生じやすくなると説明しました。同情は、現状の困りごとをどうにかしてあげたいという利他的な考えや行動を生み出すことがあります。しかし貧しいながらも夫婦仲が良く、幸運に恵まれるというこの物語の結末を聞いたら、「生活が苦しくても幸せそうで（幸せになって）よかった」と納得し、同情もしなくなるのではないでしょうか。

ここに「めでたし、めでたし」の理由が存在していると考えられます。つまり「貧乏人と金持ち」のお話は、登場人物の属性に対して私たちが抱きがちな、どこか居心地の悪い感情を、結末によって打ち消す構造になっているのです。それゆえ、登場人物の間に存在する貧富の差の問題も強く印象に残ることはないでしょう。なお、お金持ちと貧しい人が出てくる昔話はグリム童話以外にもたくさんあります。「王様」が出てくる物語は貧富の差が存在する世界です。小さい頃からこのような物語に繰り返し触れることによって、貧富に基づく「格差」を当たり前のものとして受け入れるようになると同時に、特定の社会集団のステレオタイプ形成が促される可能性もあります。

社会集団に由来する格差

ではここからは、おとぎ話や昔話の世界ではなく、現代社会における問題としての競争がある分野において成功を収めるにあたって、多くの人が重要だと考える要因は、その分野に関連する能力の高さや努力の量でしょう。勉強やスポーツには多くの場合競争が存在します。能力の高さや努力の量は、学力偏差値やスポーツのランキングなどの結果に反映され、そこに序列が生まれます。上位と下位の差や違いを「格差」と呼びます。

私たちの社会には、能力の高さや努力の程度とまったく無関係に、生まれた時点で上位―下位の地位が決まってしまう、社会集団間の競争関係が存在します。そして、そのような社会集団間の関係性には、貧富の序列が存在し、経済的な格差を生じさせます。白人や黒人といった人種、男性、女性といった性別はその典型例です。アメリカ社会では、白人は社会階層の中では高地位に、黒人は低地位に位置します。連邦準備銀行の2019年の調査結果（https://www.federalreserve.gov/econres/scf/dataviz/scf/chart/）を紹介したCNNの記事によると、黒人世帯の純資産は、白人世帯の約8分の1です。相続資産が少なく、持ち家率も低く、経済格差の存在がデータで確認できます。性別に関しては、家父長制度や、そのような意識が浸透している社会においては、男性が高地位、女性が低地位になります。日本社会では、女性の管理職の割合が低いことから男女の賃金格差が大きいとされており、２０２０年のＯＥＣＤのデータによると加盟国ではワースト3位です。

人種も性別も、私たちの意志とは関係なく、生まれた時点で与えられる属性です（もちろん、のちにさまざまな理由や事情により変わったり、変えたり、変わったように見えたりすることはあるかもしれませんが、洋服やアクセサリーを変えるように気軽なものではありません）。にもかかわらず、これらの属性によって経済的に恵まれたり、恵まれなかったりが左右されるのです。

出身国や出身地も、自分ではコントロールできません。先進国や都市部にたまたま生まれた人たちは、発展途上国や地方に生まれた人たちよりも経済的に恵まれ、かつ成功するためのより多くの機会を得るでしょう。

新型コロナウイルスの感染拡大にともなう世界の国々の状況は、この格差を目に見える形で示しました。日本を含む先進国では、希望すれば国民全員がワクチンを接種できる機会が比較的早い段階で提供されました。一方、アフリカ諸国ではワクチンの供給が遅れました。

イギリスのオックスフォード大学によると、日本を含む先進7カ国では2回目のワクチン接種を終えている人たちが2021年9月の時点で人口の50％以上となりました。後のWHO（世界保健機構）の報告では、同時期にアフリカ諸国で2回目の接種が終わっていた人は全人口の3・6％しかいませんでした。同年9月の国連総会演説で、事務総長は「裕福な国ではワクチン接種が順調に進んでいるのに対して、アフリカでは90％以上の人々が1回目の接種を待っている」状況であると訴えています。

このように、私たちの社会には純粋な個人の能力の高さや努力の結果ではなく、なかば運のような要因で生み出される格差が存在します。そしてやっかいなことに、これらの格差は、私たちの社会の制度やシステムの中に、複雑な形ですでに組み込まれてしまっているのです。

人種や性別といった、特定の社会集団から生まれる格差（ある種の社会構造）を個人の力でどうにか埋めようとするのは至難の業です。しかし同時に、私たちはこのような格差と無関係ではいられません。なぜなら、この本を読んでいるみなさん全員が当事者だからです。人種、性別、出身国、出身地のそれぞれに対して、自分に当てはまるカテゴリーを持っているはずです。

それぞれのカテゴリーの中で、どのような立場にいても、その立場特有の悩みが存在します。たとえばアメリカ社会における白人や、家父長制の強い社会における男性には、「あなたの成功は、能力の高さや努力の量とは関係なく、たまたま社会において有利な集団に属していることで得られただけではないか」という批判がなされることがあります。また、「今の自分は恵まれていて幸せだけど、世の中には貧困にあえぎ苦しむ人も存在する」と、不利な集団の人たちに対する後ろめたさのようなものを感じる人もいるでしょう。一方、黒人や女性のように、不利な集団に属する人は、「社会的な成功を得られないのは能力が低いか、努力をしないからだ」と評価されることがあります。そして同時に、「なぜ自分は社会的に恵まれない集団の一員（黒人、女性）として生まれてきたのか」という、解決が難しい問いに悩まされるかもしれません。

では、社会集団に由来する悩みや批判に否が応でも巻き込まれる私たちは、どのようにして自分を納得させ、心の安定を得ようとするのでしょうか。社会心理学的な観点から、この問いに対する研究が進められています。

格差の正当化

社会心理学者のジョスト（Jost, 2020）は、社会階層における高地位者、低地位者がそれぞれの立場をどのように合理化し、現状を受け入れようとするのかを「システム正当化理論」にもとづいて説明しています。ここでいうシステムとは、家族・学校・職場など、私たちが日々他者と共にすごす場所で共有されている秩序や、経済的・政治的な制度といった、社会の仕組み全体のことを指します。

システム正当化理論によると、私たちは、現状の社会システムを「今、ここに存在しているから」という理由だけで受け入れやすくなるそうです。現状のシステムが不公正で、機能不全に陥っていたとしても、私たちはそのシステムを作り替えて変化を生み出すことを好まないとも指摘されています。なぜなら、新しいシステムを導入して何か予測不能な出来事が起こるより、たとえ機能不全を起こしていたとしても、現行の予測可能なシステムを受け入れるほうが簡単で心地よく、自らの存在価値が脅かされることもないと思ってしまうからです。ゆえに私たちは、さまざまな都合の良い理由づけをして、現状を受け入れようとします。

現状が不公正ではなく正当なものであると認識できさえすれば、そこに「正義」が存在していても、していなくても構いません（そういう意味では、第2章で紹介した、メルビン・ラーナーによる公正世界理論よりも扱える場面や現象の幅が広い、と考えることができるでしょう）。自らの信条や経験など、とにかくどのような形であれ、何かしら理由をつけて、現状を肯定できればそれでいいのです。

社会階層における高地位者、低地位者を例にして、現状を肯定するプロセスをそれぞれ説明していきましょう。社会の中で高地位にいる人たちは、今現在、成功を手にしているため、第2章で触れた「人はその人にふさわしいものを手にしている」という因果応報的な解釈で自分の心を安定させようとします。「周りに何を言われようが、今の自分があるのは、これまでに自分自身が努力してきた結果だ」、「成功できない人たちは、努力をせずに怠けているからだ（ゆえに、貧困に陥っても仕方がない）」、「得られた結果がすべてである」などと合理化を行います。

ヨーロッパの27カ国、4万7086名を対象にした国際調査では、社会経済地位の高い人ほど、自分の国のすべての人が、希望する職についたり、手に入れたいと考える教育レベルを達成したりすることができると考える傾向にありました。そして、政府による富の再分配の必要性については低く見積もることも示されています。今の社会は自分にとっても他人にとっても公正で、機会も平等に与えられているのだと現状を肯定していることがわかります。

一方で、低地位にいる人は因果応報の観点から自分の心の安寧を取り戻すことはできません。なぜならこの理屈でいうと「成功しないのは自分が劣っている（怠けている）せいだ」となるからです。ただし、現状を受け入れさえすれば（つまり、「もうこれは変えることができない、仕方のないことなのだ」と考えれば）、少なくとも「なぜこのような恵まれない集団の一員として生まれてきたのか」という解決が難しい問題からは解放されます。そこで、自分たちが不公正な社会で搾取されていると憤りを感じたり、精神的に不安定になったりするくらいなら、現状のシステムはうまく機能していると考え、不利な立場として生きていくことを認めよう、とします。

自分自身の社会的成功や、自分が所属する社会集団全体の地位が向上するといった期待を抱いていない人ほど、現状の社会制度やシステムを肯定しやすいことがわかっています。また、高地位、低地位に関係なく、実力主義や成果主義（現状の社会システム）を肯定するほど、人生満足度が高くなることも示されています。

社会階層の高地位者も低地位者も格差を正当化しようとするという話を聞くと、がっかりしたり、落ち込んだりする人もいるかもしれません。しかし私としては、この本を読んでいるみなさんに「だから諦めましょう」と言うつもりはまったくありません。むしろ、格差を解消したり社会構造を変化させたりするためには、それを阻む要因として、社会集団間の関係性や、私たち個々人の心の安寧に対する脅威が存在しているのだと知ることが重要だと考えています。社会を変えるには、それを作り出している私たち人間の心のクセを理解する必要があるのです。

天は二物を与えず

「天は二物を与えず」ということわざを聞いたことがある人は多いでしょう。このことわざには、1人の人間にいくつもの才能が与えられることはない。また、何かの才能に秀でている者は、往々にして何か別の欠点があるものだという意味があります。本章の冒頭部分で紹介したグリム童話の「貧乏人と金持ち」を思い出してください。お金持ち（高地位の人）には「意地悪」という望ましくない性質が、貧しい人（低地位の人）には「心豊か」という望ましい性質がともなっていました。

なんとなくバランスが取れている、「ありがちな設定」のように思いませんでしたか？　考えてみると、このようなキャラクター設定がされている漫画や映画の登場人物はたくさん頭に浮かびます。「ドラえもん」だと、スネ夫はお金持ちですが意地悪ですね。「悪いけどこの車3人乗りなんだ」、「このゲーム、3人用なんだ」、「なんと、3人用のビデオなんだよ。だから悪いけどのび太は……」と理不尽なことをいってはのび太をのけ者にします。このように、一方は望ましく、もう一方は望ましくない性質を同一人物が併せ持つことで、世の中はなんだかんだ平等にできている、と考えることを相補的世界観といいます。そしてこの相補的世界観も、現状の社会秩序や制度の肯定につながります。

ジョストを含む研究グループは、相補的世界観が現状のアメリカ社会のシステム正当化につながることをいくつかの研究から示しました。ここではその1つを紹介します。

研究に参加した人たちは、ジョージという人物の特徴を描写する文章を読むように指示されます。文章の内容は、次の通り、4つのパターンがありました。

ジョージは、

（1）お金に余裕があるけれど不真面目な人物
（2）お金に余裕があり真面目な人物
（3）お金に余裕がなく不真面目な人物
（4）お金に余裕がないけれど真面目な人物

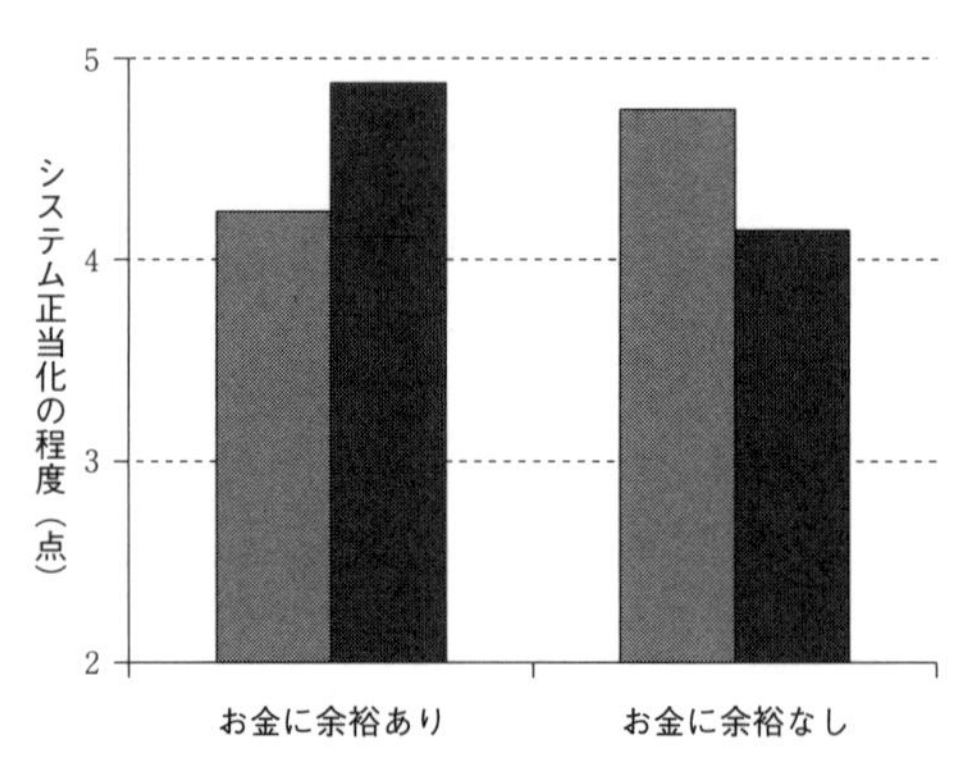

図5-1　相補的世界観とシステム正当化
（Kay & Jost 2003 研究2より）

このうち（1）と（4）が、相補的世界観に合致する内容になっています。研究参加者には、4つのうちの1つの文章だけが示されます。文章を読み終えたあと、参加者はいくつかの質問に回答しますが、その中に、今のアメリカ社会の制度やシステムがどの程度うまく機能しているか（システム正当化の程度）を1～9点で評価する項目（例：「一般的に社会は公正であると思う」）が複数含まれていました。これらの項目について条件間で平均値を比べたところ、図5-1の通り、相補的世界観に合致した内容の文章（2、3の文章と比較して、1、4の文章）を読んだ場合に、参加者はアメリカ社会をより正当で、うまく機能していると回答したのです。

なお、「真面目／不真面目」の部分を「幸せ／不幸せ」にした場合でも、相補的世界観に一致した人物描写（お金持ちだけど不幸せ、または、お金に困っているけれど幸せ）を読んだほうが、一致しない人物描写（お金持ちで幸せ、または、お金に困っていて不幸せ）を読んだ場合よりも、現状の社会を肯定するという結果が得られています。

日本社会でも、相補的世界観に基づくシステム正当化が行われることを示唆する研究結果があります。社会心理学者の池上知子らは、30代、40代の男女360名（高卒者147名、大卒者213名）を対象に、相補的世界観を持っている程度、学歴によって将来が決まると考えている程度、現在の日本の学歴社会を正当化する程度を測定しました。その結果、相補的世界観が強いほど、学歴社会を正当化することがわかりました。またこのような傾向は、学歴で将来が決まると考えている人で、より顕著でした。

池上らは、学歴によって将来が決まると思っている人ほど、学歴による格差を是正することは難しいと感じているため、相補的世界観を持つことで学歴社会を正当化しようとしているのではないかと指摘しています。たとえ高学歴で、社会的に成功していたとしても、孤独であったり、家族が不仲であったり、スポーツが苦手だったりすることで、きっとそれなりに、全体としてはバランスが取れているに違いない、と信じたいということでしょう。

以上のように、私たちは「人はその人にふさわしいものを手にしている」、「天は二物を与えず」、といった典型的なパターンを含め、自分の信条や経験に合致する、都合のよいさまざまな理由づけを行い、現状の社会システムを正当化しているのです。

身近にある「システム正当化」――その校則、必要ですか

社会全体の話ではなく、もう少し規模の小さなシステム正当化についても考えてみましょう。みなさんにとって身近なシステムとして考えやすい「学校」を取り上げます。

多くの中学校や高校では、校則が存在します。私の長男が入学した中学校には、髪型に関する校則があり、「ツーブロック」が校則違反になると聞きました。そもそもツーブロックという髪型の定義自体よく知らなかったので、まずはインターネットで検索して

みました。するとどうやら、ツーブロックというのは髪の毛を短く刈り上げた部分に、上から長い髪がかぶさっている、という状態を指すようです。しかし検索結果にでてくるツーブロックの髪型の中には、いわゆる刈り上げと変わらないようなものもあり、私の頭の中はクエスチョンマークで一杯になりました。ツーブロックを禁止とする校則は、長男の中学校のみではなく、いまだに多くの中学校や高校に存在するようです。

大学のゼミで、学生のみなさんになぜツーブロックが禁止だったのかと尋ねたところ、「昔、非行少年たちがこの髪型をしていたから……?」とか、「就職活動に不利になるから……?」と、曖昧な様子でした。前者は原因と結果の関係がねじれていますし、そもそも昔と今とでは状況が異なります。この校則は根拠不明で、現状にそぐわない、個人の自由を奪う不公正なものではないかと考える人がいてもおかしくありません。

しかしながら現実はどうでしょう。おそらく多くの中学校や高校で、いまだ（2022年の時点では）この校則は維持されています。なぜでしょうか。ここに、システム正当化が存在すると考えられます。

先生たちは、髪型を自由にしたら何か不測の事態が起こるのではと恐れていたり、現状、特段大きな問題はないからと考えていたり、忙しすぎて校則について妥当性を吟味する時間が取れなかったりするのかもしれません。また、「生徒（子ども）は髪型などを気にする暇があったら、勉学に励むべきである」といった強い信条を持っているのかもしれません。生徒たちは、「禁止されているのならしないでおこう。ルールを守るのは良いことだ」と多くが考えるでしょう。保護者に関しても、自分たちに直接関係があるわけではないし、忙しいし、3年もしくは6年経ったらあとは自由にできるだろうし、積極的に「その校則はおかしい」と言い出すことはないかもしれません（実際、私も変な校則があるものだと思いながらも、現時点では何も学校に伝えていません）。先生、生徒、保護者といった異なる社会集団に属する関係者たちが、それぞれの視点から、現状を肯定し、「ただそこに存在するから」という理由で受け入れている例だと思われます。

どんな「変化」を嫌う？

ここまでで紹介したように、私たちは、社会のシステムを変えようとすることに少なからず抵抗を示し、現状のままの方が安心する傾向にあります。しかし、変える必要性の高いシステムや変わっていかざるをえないシステムもあります。たとえば気候変動に対応した、より環境に配慮した社会を作る方向に政策が変われば、社会も変化せざるをえないでしょう。また、ＡＩなどの技術の進歩によって生み出される社会の変化もあります。さらには、立場が弱い少数派（マイノリティ）と呼ばれる社会集団に属する人たちを、社会として支援するためのシステム（制度）構築への要望も高まっています。そうしたシステムの変化のなかで、私たちには受け入れやすいものと、受け入れにくいものがあるように思います。特に、受け入れにくいと考えてしまうものとしてどのようなシステムが存在するでしょうか。

こういった疑問から、私は、社会のシステムに影響を及ぼしうるさまざまな変化の中で、日本人がどのような事項に対して変化を受け入れにくいのかを調べることにしました。そこでまずは、いくつかの国との比較を通して大まかに現状を把握しようと考え、中国、タイ、ドイツ、日本の人たち、それぞれ７００名、合計２８００名を対象とした調査を２０２１年に実施しました。日本と同じアジア圏で、政治制度や信仰の特徴が異なる中国とタイ、またヨーロッパ圏から、日本と国土の広さや経済成長の軌跡、法体系が類似しているものの、信仰や自然災害の程度が異なるドイツを比較対象として選びました。それぞれの国の政治的特徴や主要産業などは表5-1の通りです。

変化の対象は、表5-2の通り、環境保全のための規制（脱炭素）、新技術の受容（身体が関わる事案）、マイノリティ支援から、それぞれ2つずつ取り上げました。そして、政府がこれらに関わる政策決定をしたと仮定して、どの程度受け入れられるかを、1（まったく受け入れられない）～6（完全に受け入れられる）で回答してもらいました（それぞれの国の言語に翻訳して尋ねています）。国ごとに700名の回答者の平均値を出し、図5-2の棒グラフにまとめました。

すべての事項の平均点が、すべての国で3を超えているので、今回扱った対象に関しては全体的に変化を受け入れる傾向にはあるようです。ただし、国や事項ごとに比較してみると、日本の特徴が見えてきます。

まず、プラスチックの使用制限に関しては、日本のみ、他の国よりも受け入れの程度が低い傾向が見られました。CO_2排出制限については、日本とドイツで受け入れの程

国	面積（平方km）	人口	言語	宗教	政治制度	主要産業（GDP基準）	自然災害死亡者数（2019ランキング）
中国	9600000	14億人	中国語	仏教・イスラム教・キリスト教など	民主的権力集中制	第3次産業	6位
タイ	514000	6641万人	タイ語	仏教95%イスラム教5%	議院内閣制	第2次産業	43位
ドイツ	357000	8319万人	ドイツ語	キリスト教（カトリック27.2%、プロテスタント24.9%）、ユダヤ教0.1%	議院内閣制	第3次産業	78位
日本	377900	1億2700万人	日本語	仏教・神道・キリスト教など	議院内閣制	第3次産業	11位

表5-1　対象国の特徴

※外務省データ、およびCRED（Centre for Research on the Epidemiology of Disasters）を参考に作成

度が他国と比べて低いです。

これは両国ともに、自動車産業が盛んで、現状のガソリン車に慣れているということが背景にあるかもしれません。

一方で医療ＡＩや培養肉など、自分の身体や健康に関わる新技術の受容は、ドイツで受け入れの程度が低いようです。

そして、マイノリティ支援については４カ国中、日本がもっとも受け入れる程度が低いというものでした。今回取り上げた６つの事項のうち、特

変化の対象	具体的な事項	実際に回答をしてもらった、政策側の決定に関する項目
環境保全のための規制（脱炭素）	プラスチック制限	環境保護のために、使い捨てプラスチックの使用を規制する法律が制定される
	CO_2排出制限	環境保護のために、二酸化炭素排出量（ガソリン車の使用など）を規制する法律が制定される
新技術の受容（身体が関わる事案）	医療 AI 受容	医療の効率化、客観性の向上のために、AI（人工知能）技術の活用に関わる法律の規制が緩和される
	培養肉受容	効率的な食料自給を担いうる人工培養肉（動物の可食部の細胞をラボや工場などで培養することで得られる肉）の研究開発、販売促進のため、食品や農業に関わる法律による規制が緩和される
マイノリティ支援	移民支援	移民や外国人労働者の生活保障や教育環境を充実させるための法律が制定される
	婚外子支援	事実婚や未婚で子どもを育てる親に対する公的援助を今までよりもさらに拡充するための法律が制定される

表 5-2　研究に使った項目
（これらの決定がなされたとしたら、あなたはどの程度受け入れられますか。1（まったく受け入れられない）～6（完全に受け入れられる）で回答）

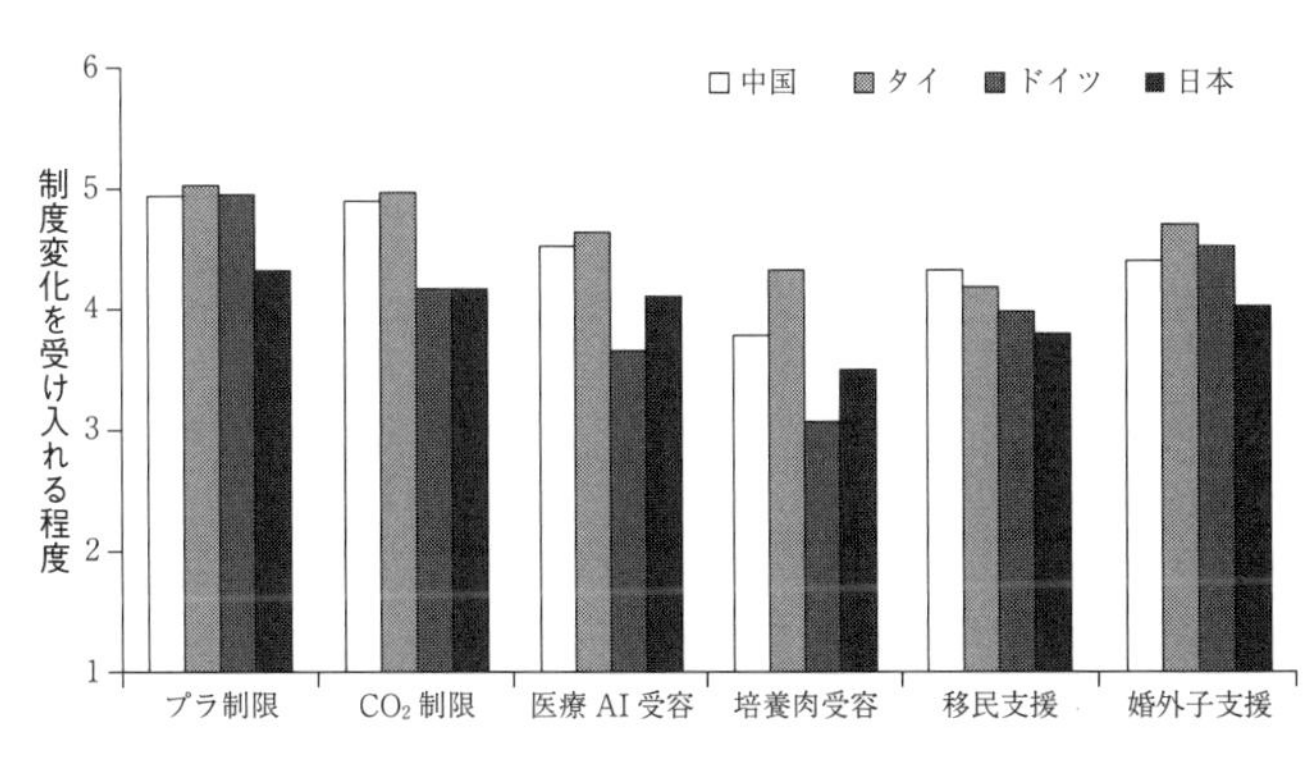

図 5-2　6 つの事項に対して制度変化を受け入れる程度の 4 カ国比較

に環境保全とマイノリティ支援に関しては、日本は他の3カ国と比べて変化を受け入れる程度が低いということも言えそうです。

マイノリティ支援は、この章で説明してきた、社会集団に由来する格差の問題とも関連します。なぜ日本でマイノリティ支援に関わる法制度の変化が他の3カ国と比べて相対的に受け入れられにくいかは、今後引き続き検討する必要があります。属性による格差や不利益を極力なくす社会を日本全体として目指すのであれば、今回得られた結果には憂慮すべき要素が含まれているとも言えます。

プラスチックの使用制限や CO_2 の排出制限など、脱炭素に関わる政策に対しても、日本人は相対的に受け入れの程度が低くありました。この結果は、これから紹介する世界市民会議（World Wide Views［WWViews］）で示された日本人の特徴とも一致しているようです。

世界市民会議では、政治家やNGOのメンバーではない、ごく一般の市民100名に世界のさまざまな国で集まってもらい、それぞれの国の市民が世界共通のテーマで議論をするという面白い取り組みを行っています。選ばれる100名は、その国の社会の縮図になるように調整されます。つまり、性別や年齢、職業、学歴、居住地などの社会的な属性に偏りがない100名で構成されるのです。本書を読み進めてきたみなさんは、このような手続きが社会全体に影響する「何か」を決める時にとても大事になるのではないか、ということに気づいてくれるのではないかと思います。

参加者は、議論の2週間前に配布される「情報提供資料」と「ビデオ」に目を通した後、会議に参加します。2015年の世界市民会議は、気候変動がテーマでした。日本では、科学技術振興機構（JST）主催のもと100名が集まり会議が行われたそうです。参加者には気候変動に関わる共通の質問項目への回答も求められました。Web上で、日本と世界の国々との回答結果の比較ができるようになっています（http://

climateandenergy.wwviews.org/results/)。

日本と世界を比較すると、気候変動に対する認識の違いが見えてきました。まず、世界の参加者8685名の78・24%が、気候変動について「強い危機感を抱いている」と回答したのに対し、日本では44%にとどまっています。また、気候変動対策が自分たちの生活の質を脅かすと回答した人は、世界で26・75%であるのに対して日本では60%でした。逆に、気候変動対策が生活の質を高めると回答した人は世界では62・24%、日本では17%となっています。つまり日本人は、気候変動について相対的に関心が薄く、気候変動対策は自分たちの生活を不便にさせると考えているようです。2021年に私が行った調査の結果の背景にも、「あまり実感がわかない、気候変動への対処策によって自分の生活が不便になったら困る」という思いが反映されていたのかもしれません。

気候変動とシステム正当化

実は気候変動対策のような、現状の経済システムに影響を及ぼすであろう事案に対する人々の反応も、「システム正当化理論」の観点から研究が進められています。

気候変動対策は、経済・産業構造に変化を求める内容を含みます。たとえばCO_2排出制限は気候変動対策の代表的なものの1つです。ガソリン車を段階的に使用不可にするといった政策がとられるとしましょう。そうすると、ガソリン車に関わるビジネスで社会的成功を収めてきた人や企業はこれまでのやり方を続けることができず、苦境に立たされるかもしれません。場合によっては、これまで維持されてきた「序列」が変わってしまう可能性もあります。ジョストは、そのような脅威を認識することを避けるため、人は現状の経済システムを正当なものであると捉え、さらには気候変動を示す証拠や経験をできるだけ「なかったこと」にしようとするのではないかと予想しました。

この予想と一貫する研究結果が複数報告されています。まず、アメリカ社会を対象としたいくつかの研究によれば、格差の存在も含めて現状の経済システムを正当だと考える傾向にある人は、気候変動に懐疑的な態度をとる傾向にあることがわかりました。

さらには、現状の経済システムの正当化は、体感している気温の予想値とも関係があったのです。ジョストたちの研究グループは、夏のニューヨークのタイムズスクエア前で、現在の外気温がどれくらいだと思うかを、道ゆく人々に予想してもらいました。人は、寒い日よりも暑い日に気候変動を認識しやすい傾向にあると指摘されており、それを踏まえ計画された研究です。確かに私も、暑い日が続いたときに「昔はこんなに暑くなかった気がするんだけどなぁ……」と気候変動を意識します。

声をかけられ外気温を予想した人たちは、現状のアメリカの経済システムが正当であると考える程度を測定する質問や、気候変動が本当に起こっていると思うかどうかを尋ねる質問にも同時に回答しました。分析の結果、経済的な成功はその人が頑張ったからだとか、富を平等に配分する必要はないといった、格差が存在する現在のアメリカ社会の経済システムを正当だと考える人ほど、外気温を実際よりも低く予想しました。加えて、外気温を低く見積もった人たちは、気候変動に懐疑的な反応も示しました。つまり、現状の経済システムの肯定は、外気温を低く見積もることにつながり、それは気候変動への懐疑的な反応にも関連していたのです。ちなみに、同じ手続きの研究を屋内で実施し、屋内の気温を予想させた場合では、経済システムを正当化する程度と気温の予想との間に関係はありませんでした。

気候変動に対する認識とシステム正当化の関係性については、アメリカ社会以外でも研究が進んでいます。たとえばオーストラリアやフィンランドでも、アメリカ社会と同じく、現状の社会システムに問題がないと考えるほど、環境保全活動の必要性や気候変動の存在に対して否定的な反応をすることがわかっています。

日本人は環境問題に対して相対的に無関心であることは先に紹介しましたが、現状の日本の社会システムを正当なものとして肯定的に認識することとの間に関連があるかもしれません。この可能性について調べる研究はまだ日本では報告されていません。しかし、これまでの他国での研究結果や、日本で自動車産業が盛んなことなどを踏まえると、検証してみる価値はあると考えています。

まとめ

第5章では、「私たち」、「あの人たち」と社会集団レベルで物事を考えた時に生じる格差の問題を扱いました。そして、私たちが格差を含めて、現状の社会を受け入れやすい理由についてシステム正当化理論に基づいて説明しました。「人はその人にふさわしいものを手にしている」とか、「すべてを手にする人はいない」という慣れ親しんだ世界観に基づき現状を肯定します。これらの他にも、個々人の信条や経験などから現状を正当化します。

このような正当化は、気候変動対策のように社会全体、場合によっては地球全体を巻き込む問題の認識にも影響を与えます。私たちの心と社会は、複雑に関連しあっているのだということにも気づくでしょう。第6章では、第1章から第5章を通して段階的に説明してきた心と社会のダイナミックな関係性を踏まえつつ、私たちが、個人として今後どのような形で自分自身と向き合い、他者と良好な関係性を築きながら、必要に応じて社会に変化をもたらしていけるのかを考えてみたいと思います。

注1：「心豊かな」、という温かさを示す特徴がない場合、第4章でも紹介したように貧しい人々は「冷たく能力の低い集団」と認識されます。

第6章 「私」として考え、行動するために

さて、あともう少しでこの本も終わりです。ここまでの内容はどうでしたか？　実験の手続きに関する説明などは少し難しかったかもしれません。しかし、それぞれの研究者の工夫が垣間見える面白い部分でもあるので、よくわからなかったという方は読み終えた後でもいいのでぜひもう一度トライしてみてください。

この章では、私たち人間がもつ「心のクセ」を理解した上で、あなたが「私」としてどのように日々を過ごしていけるのか、一緒に考えられたらと思います。その際、私自身の個人的な経験も紹介します。みなさんも、自分のこれまでの経験や今後の活動に関係することなどを思い出したり想像したりしながらぜひ読み進めてみてください。この章が、社会の中で「私」として考え、行動していくための準備体操のようなものになれば、と考えています。

コミュニケーションの多層性を意識する

章が進むにつれて話が入り組んで複雑になってきたと思います。そこで第6章では、まず各章の大事なポイントをそれぞれ1段落でまとめて振り返ります。そして第1～5章を俯瞰的(ふかんてき)に眺めることで見えてくる共通の問題を洗い出してみましょう。

第1章では、自分や他者に起こった出来事や、自分や他者の行為や反応について、私たちは「なぜそうなったのか」、という原因を知りたくなるという話をしました。と同時に、私たちは「本当の」原因を突き止めるために多くの労力を費やせるほど時間的な余裕がないので、しばしば直近の、それらしい何かを原因だと認識し、納得してしまうと説明しました。その過程でさまざまな都合の良い原因帰属がなされます。たとえば他者に起こった失敗はその人の内的要因（能力や努力の不足）に帰属する傾向があるのに対して、自分に起こった失敗は外的要因（運や課題の難しさ）に帰属しがちです。

第2章では、自分や他者に起こった出来事とその原因の関係には、正義を織り込んだルールが存在すると多くの人が考えていることを、「公正世界信念」の観点から説明しました。良い行いには良い結果が、悪い行いには悪い結果がもたらされるというこのシンプルな因果ルールは、幼少期からの経験を通して学習します。公正な世界の因果ルールを信じることは、心の安定や遠い未来のためにコツコツ努力することを促してくれます。一方でこのルールに沿わないような出来事、たとえば夜道を歩いていたら暴漢に襲われた、と聞くと、「そんな時間に外を歩いている方が悪い」と、被害にあった人にその原因を押し付け非難しがちであることを説明しました。

続く第3章では、公正な世界の因果ルールに慣れ親しみすぎたことで生じうる、非合理な推論について扱いました。「日頃の行いが悪いから交通事故にあったのだ」、「日頃の行いのおかげで今日は晴天に恵まれた」はその典型です。私たちはしらずしらずのうちに、このルールに基づいて世界は機能しているはずだと過度に期待して、本来であれば物理的に無関係な2つの事実が原因と結果の関係性を有していると考えてしまうのです。そしてこのような推論は、アメリカ人よりも日本人が、より行いやすいこともいくつかの研究の紹介を通して説明しました。

第4章からは、「私」と「あの人」の関係性の中で行われる原因帰属や、他者に対する推論や期待を「私たち」と「あの人たち」の関係性に広げた時に生まれるあらたな問題について扱いました。ニュースやドラマ、人から聞いた話などから、普段あまり接点のない社会集団に対して、ステレオタイプが形成され、それが偏見につながり、差別の問題を生むということを示しました。ステレオタイプや偏見をなくすことは難しいものの、そこから差別を生じさせないために有効な手段について現在も継続して研究が行われています。

そして第5章では、さまざまな社会集団間の関係性は社会において維持、固定化される傾向にあり、それはなかなか変化しにくいことを紹介しました。私たちは、「人はその人にふさわしいものを手にしている」、「すべてを手にする人はいない」といった説明を状況に応じて使い分けながら、現状を肯定的に捉えようとします。その結果、社会集団間の格差の問題も含め、多くの人が改善を必要とする社会の問題がそのままになってしまったり、ますますその問題が深刻になってしまったりするのです。

第1章から第5章にかけて説明してきた内容をあらためて振り返ると見えてくること

があります。まず、私たちの判断や行動、そして他者とのコミュニケーション（情報交換）の特徴や問題は、それに関わる人の数によって、ゆるやかに個人、集団、社会のレイヤーに分けて考えられます。レイヤーとは、階層構造における一つ一つの「層」のようなものです。地層をイメージするとわかりやすいかもしれません。

自分や他者に起こった出来事の解釈や、「私」と「あの人」の間で生じるコミュニケーションは、個人のレイヤー（個人の頭の中や個人同士）の話として理解できます。原因帰属や被害者非難、公正推論などの説明をした第1章から3章は、このレイヤーを意識したものでした。そして、複数の人々が同時に関わり合う場面でのコミュニケーションは、集団のレイヤー（集団の仲間同士や集団間）のものと捉えられます。「私たち」と「あの人たち」の視点を導入し、集団間の争いごとや差別の問題に触れた第4章は、主にこのレイヤーに注目しました。さらに、さまざまな属性を持つ人たちが、お互いに共有する空間において、持続的に生活を営む場で認識される人々の行動やコミュニケーションの問題は、社会のレイヤーのものとして考えられます。第5章で扱ったような格差の問題は、まさにこのレイヤーで生じていると言えます。

個人から社会へとレイヤーが積み重なっていくにつれて、自分以外の人たちに対する解像度は低くなり、どこかぼんやりした存在になっていきます。このことが、社会のレイヤーで生じている問題の解決を阻んでいる可能性もあるでしょう。また、もともとは個人のレイヤーの問題だったことが、関わる人が徐々に増えて集団、社会のレイヤーへと移行し、事態が複雑になっていくこともありえます。たとえば偏見や差別の問題は、もともとは「私」と「あの人」の関係からスタートするケースが多いです。それが「これだから若者は……」、「やっぱり高齢者は……」、「どうせ男性は……」、「また女性は……」となってしまうことで、集団や社会のレイヤーの問題へと発展していくのです。

さて、レイヤーの視点を導入し、コミュニケーションを多層的に捉えてみると、さらに興味深いことに気づきます。それぞれのレイヤーで生じる誤った推論やコミュニケーションの問題には、人それぞれがもつ自身の存在価値に関わる漠然とした不安や、これから先どうなるかわからないという未来に対する不確実性が共通して関わっているのです。

個人のレイヤーで生じる利己的帰属バイアス（自分の成功は内的要因に、失敗は外的要因に原因を求める傾向）の背景には、自尊心を守りたいという思いがありました。そして、集団のレイヤーで生じる偏見や差別も、他の集団に望ましくない特徴を与え、相対的に自分や自分が所属する集団の価値を高めたり、正当化したりして安心を得る機能を持ちます。社会のレイヤーで生じる格差の問題や、機能不全のシステムに対する是正がなかなか行われにくいことの背景にも、変化に伴って自分の存在価値が脅かされるとか、変化に対応できないことで自尊心が傷つくことを避けたいという人々の思いがありました。

個々人の不確実性への耐性のなさや自分の存在価値に対する脅威が、個人、集団、社会のそれぞれのレイヤーにおけるコミュニケーションの齟齬（そご）を生じさせている側面が少なからずあるのです。

不安や不確実性が生み出す問題――新型コロナウイルス感染症を例に考える

自分や誰かが抱いている不安や、不確実性の高まりが生み出す問題について、新型コロナウイルス感染症の感染拡大時に実際に起こったことと合わせて考えてみたいと思います。感染拡大時には医療の問題や経済的な問題なども起こりましたが、ここでは人と人とのコミュニケーションに関わる問題を取り上げ、先ほど言及した「レイヤー」を意識しながら整理していきます。

まずは最初の感染が報道されて間もない頃（2020年春頃）の状況を簡単に振り返ります。感染拡大によって学校が一斉休校になったり、楽しみにしていたイベントや部活動の大会などが中止になったりしました。また、これまで慣れ親しんできた対面でのコミュニケーションが少なくなり、代わりにオンラインでのやりとりやテレワークが増加しました。安定し秩序だった、予測可能な明日がやってくるという私たちの期待は裏切られ、この先どうなるのだろうという不確実性が生じたと言えます。感染が確認され始めた当初は、具体的な症状や後遺症、致死率等に関する情報がほとんど無く、感染に対する人々の不安も非常に大きかったことが容易に想像できます。

個々人が抱く不安や、不確実性の高まりは、感染者に対する否定的な反応を生み出しました。たとえば感染者に対して「自粛せずに遊んでいたのではないか」とか、「感染は自業自得」といった非難がなされました。いずれも根拠のない推論であり、感染というネガティブな出来事が起こった原因を、感染者本人の行動に内的帰属させていることがわかります。これは、個人のレイヤーで生じた問題と言えます。

また、タクシーの乗車拒否や、家族が出社や登園を拒否された医療従事者、荷物を届けた際に除菌スプレーをかけられた物流関係者に関するニュースもありました。「医療従事者」、「物流関係者」といった社会集団に対して日頃抱いていたステレオタイプが「感染者との接触機会が多く無症状感染者なのでは」という偏見を生み出し、差別的言動につながったと解釈できます。と同時に、これらは複数の社会集団間、つまり、より多くの人が関わる、集団のレイヤーで生じた問題と捉えることができるでしょう。

感染拡大とともに、うわさやデマも多く流布しました。感染者が自殺をしたといったデマは複数の地域で発生しましたし、トイレットペーパーが品薄になるという根拠のないうわさによって、国内の多くの小売店で実際にトイレットペーパーやティッシュペーパーが品薄になる事態も発生しました。うわさやデマを他者に伝える可能性は、情報の曖昧さと不安に比例することが社会心理学の研究から示されています。また一般に、災害の直後には根拠のないうわさやデマが流れやすいことは、関東大震災や東日本大震災などの例からよく知られています。うわさやデマによって不特定多数の人が行動し、商品の品切れや店舗前での行列などを複数の場所や地域で同時多発的に引き起こしたという意味で、社会のレイヤーの問題として認識できます。

以上のように、新型コロナウイルス感染拡大によって生じたコミュニケーションの問題を、感染者に対する否定的反応、特定の社会集団に対する偏見や差別、うわさやデマによって生み出される人々の行動と、コミュニケーションのレイヤーに基づいて整理できます。私たちの心と社会が、多層的なコミュニケーションによって相互に影響しあっていることを認識し、問題を整理していく作業は、不安をコントロールし、不確実性に耐える上でまず必要なことであると私自身は考えています。

うわさやデマで不安になる私たち

では、不安をコントロールし、不確実性を受け入れながら、必要だと思う変化に対応していくために私たちはなにができるのでしょうか。もちろん個人で不安に対処するには限界があります。しかし、私たち人間の心のクセを知り、そのクセをできる限り補正できるようになれば、不安が少し和らぐこともあります。ここからは、社会心理学の分野でこれまでに検討され、明らかになっていることを意識しつつ、私自身が社会心理学を学び、研究を進めてきた中で考えていることについて、自分の経験も織り交ぜながらみなさんと共有していきます。

データを使って不安のもとを可視化する

人は不確実な状況におかれたら不安を感じやすい。だとすれば、まずは不安のもとになる不確実性をできるだけなくしていこうというアイデアが思いつきます。ここでは、記録やデータで不安をみえるようにして、自分でコントロールできる要素を見つけようとした、過去の私の経験を紹介したいと思います。あくまで個人的な経験なので、多くの人が同様の状況に遭遇するわけではありません。しかし自分ではない、他の誰かが経験した具体例を通して気がつくこともあると思いますので、ぜひお付き合いください。

私には3人の子どもがいますが、そのうちの2人は一卵性の双子(ふたご)です。双子は妊娠・出産時のトラブルが多く、私も例にもれずに「切迫早産(まだ生まれるには未熟にもかかわらず出産のプロセスが進みかねない状態)」の診断とともに入院となりました。出産にはまだまだ早すぎるタイミングでいつ生まれてもおかしくない状態になったのです。このまま妊娠が維持できるのか、それとも明日には出産になってしまうのかという不確実な状況に、私自身不安で押しつぶされそうになりました。病室でずっと寝ていなければならない中、不安を少しでもコントロールできればと考え、その日の出来事を記録し始めました。ありがたいことに、主治医の先生は頻繁にお腹の中の2人の子どもの推定体重をエコー検査で算出してくださったので、その数値や先生との会話、病室での出来事を毎日（暇なので）記録し続けたのです。記録と表現していますが、いわゆる日記ですね。

日々たまっていく記録を見返す中で、少しずつ2人の推定体重が増えていることを実感できました。なにより、毎日の記録の積み重ねは、「まだ幸い出産に至っていない」という事実にも目を向けさせてくれました。結局入院は80日ほどにわたりましたが、その当時の記録は10年以上経った今も残っており、たまに読み返すこともあります。点滴量、双子の推定体重、自分の体重（恐ろしいほど増えているのに自分は気づいていたのですが先生は出産直前まで気づいていませんでした）など、数値で示されるものに加え、自分のその時の感情状態を中心に記録をしました。記録を取って保管しておけば、さまざまなタイミングで見返すことができます。また、自分が記録した出来事やその時の感情状態を、より客観的に理解できる場合があります。

双子を出産してからも、さまざまな形で記録を取り、不安に向き合うことになりました。保育園初年度は子どもたちがたびたび感染症に罹患し、仕事との両立に苦労しました。親の生活の仕方が悪いのか、子どもの体が弱いのか、それともその両方かと、「原因」を突き止めようとして右往左往しました（いずれも自分や子どもに対して内的帰属をしていることに気づきます）。2年目以降はいくぶん病気に感染する回数が減ったように感じていましたが、この綱渡りの生活がいつまで続くのかという不安は常にありました。そこで現状をより客観的に把握しておこうと、登園2年間の子ども3人の登園率を図にしてみました（欠席回数は保育園の連絡帳に記載されていたので事後的に確認しました）。

この図6－1から、少なくとも3つのことがわかります。1つ目は、3人の体調はそれなりに連動しているように見えること。2つ目は、保育園1年目よりも、2年目の登園率がかなり向上していること。そして3つ目は、いずれの年においても秋に体調がいいことです。もちろん、たった3人分のデータなので、この図を作ることによって子ど

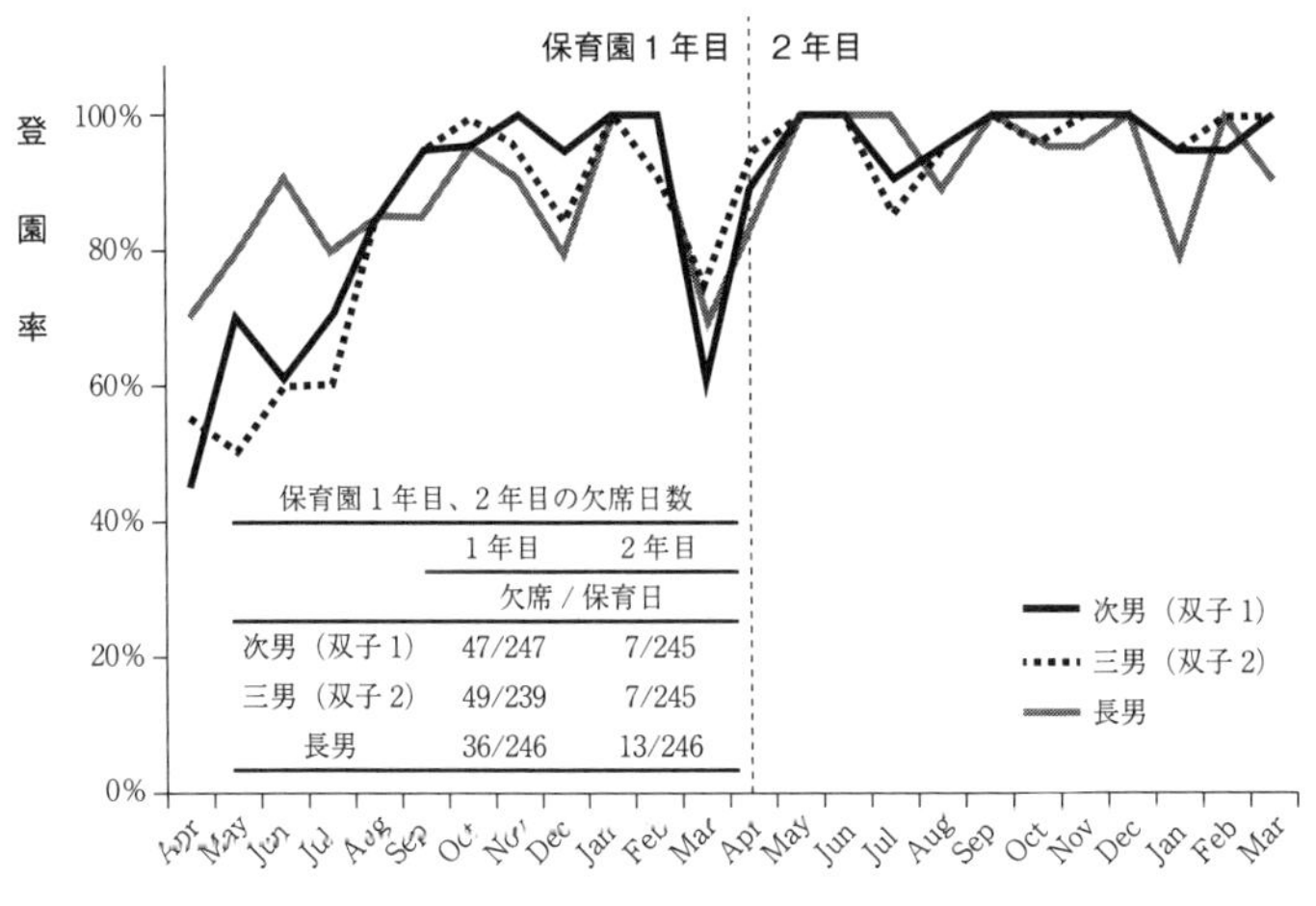

保育園１年目、２年目の欠席日数

	１年目	２年目
	欠席／保育日	
次男（双子 1）	47/247	7/245
三男（双子 2）	49/239	7/245
長男	36/246	13/246

図6-1　３人の子どもの登園率

もが一般的にいつごろ病気になるかをピンポイントで予測できるようになるわけではありません。しかし我が家の子どもたちに関して、体調が良い、もしくは悪いタイミングがあるとしたらそれはいつ頃なのか、2年間の欠席の傾向を1つの図にして眺め振り返ることは仕事のスケジュールを組む上でも役に立ちました。

また、病気に罹患する「原因」を突き止めようとして疲弊するのではなく、病気になった時はこう動く、という具体的な対策も考えられるようになりました。つまり、どうすれば子どもが病気にかからないかを一生懸命考えていたのですが、病気にかかった後にどうするかを考えるように変わったのです。子どもが病気にかかることに対する心の準備もでき、不確実性の低減に少しは寄与したのではないかと思っています。

ここでは子育てに関わる私の経験を具体例に挙げましたが、記録やデータを取り、そのままでは目に見えない不安や不確実性を生み出している要素を目に見えるようにしていくという方法は多くの場面で活用できるはずです。いろいろな角度から情報を眺めてみると、今まで見えてこなかったことも見えてきます。自分の思い込みに気づいたり、コントロールできることとできないことを見極めたりするためのサポートをしてくれるでしょう。

不確実性を受け入れる

不確実性を低減するための工夫は、100%正確に将来を予測したり不安をなくしたりすることを可能にするものではありません。ゆえに不確実性を受け入れることも大事です。この点において、状況の力、すなわち外的要因の影響を頭に入れておくことは役に立つでしょう。自分や周りの人に起こった出来事の原因は実にさまざまで、自分が持っている知識や情報だけですべてがわかるはずはないのです。

私たちが、特に他者の行為や反応、他者に起こった出来事の原因を、その人の性格だったり、能力や努力だったりといった、内的要因に帰属させやすいことは第1章で説明しました。私たちは外的要因の影響を過小評価しやすいのです。このような「心のクセ」の存在を知れば、一方的で自分勝手な原因帰属をしにくくなり、自分の考えを修正するきっかけももたらしてくれます。ある教科のテストの点数が悪かった同級生に対して、「あんなに準備する時間があったのに。それを有効活用できていないのだから努力不足だ」とか「やる気がないんだな」と決めつけるのはよくありません。「あんなに準備する時間があった」のは自分だけかもしれませんし、「やる気」はあいまいな概念でテストで高得点を取るための必要条件でもありません。

またこれと関連して、いつでもどこでも、ずっと「良い人」、「悪い人」がいるわけでないことも意識する必要があります。たとえば私たちの行動は、コミュニケーションを取る相手によっても変わります。ある関係性においてはうまく行かなくても、別の関係性においては円滑なコミュニケーションが取れる場合もあります。朝起きて、部屋の片付けのことで母親と口ゲンカをしたとしましょう。家を出る時刻になったので、母親と仲違い（なかたが）いをしたまま学校に向かうことになりました。このことでイライラしていたとしても、学校に到着し、仲の良い友人を見かけると、おそらく多くの人がその友人に接するいつもの態度で、好意的なコミュニケーションを開始するのではないでしょうか。場合によっては朝に母親とケンカしたことについて話を聞いてもらうかもしれません。私たちの行動は、置かれた環境やコミュニケーション相手などの外的要因の影響を受けるのです。

ある特定の場面において、自分は常に一貫した行動をとっていると思っていても、実際はそうなっていなかったということもあります。イスラエルで実施された研究では、経験豊富な裁判官8名が出した、合計1112件の仮釈放の判断結果のデータを10カ月にわたって収集しました。それらを分析したところ、勤務開始直後には被告に有利な判決が65％程度だったのが、お昼の休憩が近づくにつれてほぼゼロまで低下することがわかりました。そして休憩を挟んだ後にはまた65％程度まで戻り、再び勤務終了時間に向けて被告に有利な判決が少なくなっていくことがわかりました。つまり、「お腹が空いてきたら（疲れてきたら）判断が厳しくなる」傾向がみられたのです。

本来、法的な判断は証拠に基づいて客観的な視点からなされているはずです。裁判官自身も、そう考えて業務をこなしているでしょう。しかし実際のところ、本人すら気づいていない外的要因（時間経過に伴って生じた空腹感や疲労感）が判断に影響している可能性が示されたのです。

以上のように、私たちの行動や判断は実にさまざまな外的要因の影響を受けます。それに気づける場合もありますが、気づけない場合もあります。自分のことですら正しく理解できていない時があるのに、他者の行動や他者に起こった出来事の原因を、その時に観察した情報だけで、常に正しく判断できるはずがありません。そして、人の行動に関わる原因と結果の関係性の複雑さを認識することは、自分勝手な推論を抑える最初の一歩になるはずです。「なぜあの人はあそこであんなことを言ったのだろう」、「あんな態度をとったのだろう」とつい考え込んでしまうこともあるでしょう。ただしその後に、

「考えてみてもよくわからないけど、それはそれで仕方ない」と、原因がわからないままにしておける方が、気持ちが楽になる時もあります。

過去ではなく未来を眺める

不確実な状況への耐性を高めるために、他にも意識できることがあります。それは、長期的な視点をもち、過去ではなく未来を見据えて行動することです。たとえば事故、病気、悪天候など、予測が難しい事情によって、大事なイベントへの参加を諦めざるを得なかったという経験をした時のことを考えてみましょう。新型コロナウイルスの世界的な感染拡大に伴い、オリンピックや国民体育大会も中止や延期になりました。開催地が決定した時点でこうなることはもちろん誰も予測しておらず、私自身にとっても初めての経験でした。オリンピックに限らず、スポーツに打ち込んできた選手たちの中には、参加予定だった大会が中止になったと聞き、心にぽっかりと穴が空いたような状態になり、練習に身が入らなくなった方もいたかもしれません。良い成績をおさめるために一生懸命努力してきたにもかかわらず、急遽大会に参加できなくなるような出来事は、多くの人にとって不安ですし、今後はどうなるのだろうという不確実な状況を生み出します。

特に中高生の部活動などでは、2、3年で結果を出さなければならないような状況が多いため、勝つためにどのような練習をするか、対戦するチームや選手をどう攻略するかなど、直近の成功に目標が設定されがちです。そうすると、その目標を達成する機会が奪われてしまった時にどうすればいいのかわからなくなってしまうことがあります。

目の前の試合にどうやって勝つかという、直近の成功（目標）を考えることももちろん大事ですが、ぜひ、そのもっと先についても考えてみてください。なぜ、あなたはそのスポーツを選んだのでしょうか。中学校や高校を卒業し、大学、社会人と年齢を重ねていく中で、今そのスポーツに打ち込んでいることがあなたに何をもたらしてくれるのでしょうか。規則正しい生活をして、練習に励んだ経験は、スポーツ以外の何かに役立つことはないでしょうか。「どうやって（How）」、ばかりではなく、「なぜ（Why）」、の視点を意識することで、物事を長期的に捉え、目標達成に向けて自分をコントロールし、適切な行動を取れるようになる場合があります。より遠い未来を想像しながら活動できれば、目の前の課題に対する失敗や成功の意味も、また違って捉えられるでしょう。

残念ながら、日本人はこの長期的な視点でもって物事を考えるのが苦手です。第3章の、公正推論に関する文化比較研究を思い出してください。日本人は、不運に見舞われた人に対して、アメリカ人よりもその人物の過去の行いに注目して非合理的な推論（日頃の行いのせいで不運に見舞われたのだ）をする傾向にありました。そして同時に、将来のポジティブな出来事をイメージして現在の不運を乗り切るという考えに慣れていないようでした。

さらに日本では、「成功したい」よりも、「失敗したくない」と考えて行動をおこす人が多いこともわかっています。試験前に、あなたは「悪い成績を取りたくない」と考えて勉強しますか？　それとも「良い成績を取りたい」と考えて勉強しますか？　どちらのタイプであっても、それが学習の質と量を高め、成績を向上させ、あなたの気分を良くするのであれば問題ありません。しかし、悪い成績を取りたくないという考え方が不安を強めてはいないでしょうか。次の試験で失敗しないようにすることばかりに注意が向いてしまい、なぜ自分はこんなに勉強をしているのかよくわからなくなってしまった、という経験はありませんか。

もしそうだとしたら、いきなりは無理でも、少しずつ未来志向の考え方を取り入れてみてください。未来は不確実なことだらけで、この先も自分や周囲の人たち、日本社会、世界がどのような出来事に遭遇し、どんな結果を得るのかを正確に予測することはできません。そんな中でも、たまに時間をとって、長期的な目標を確認し、未来のポジティブな自分の姿をイメージしながら行動できれば、不確実な状況で生きていくことに対する不安も少し和らぐかもしれません。

変化をはじめる

さて、自分の考え方や行動は、これまでに説明してきたような「自分自身に向き合う工夫」で幾分コントロールできるようになるはずです。しかし、周囲の人たちとの関係性や、社会に変化をもたらそうとする場合、すなわち個人、集団、社会のレイヤーに実在する課題を解決しようとする場合には、自分の「外」に向けた働きかけや行動が必要になってきます。

解決したい課題は人によってさまざまです。それらすべてに対して、これさえやればうまくいく、という魔法のような方法は残念ながらありません。何もしなくても、時が経てば勝手に解決していくこともあるでしょう。また、特に利害関係を伴う問題に関しては、たとえ双方に解決したいという意欲があったとしても、溝が埋まらないまま時間だけが過ぎてしまうことも多いです。それでもなんとかしたいと考えるのであれば、自分の感情や考えを「ことば」にして他者に伝えるほかありません。なんだそんなことか、とがっかりする方もいるかもしれませんが、もう少し詳しく説明していきたいと思います。

人と人とのコミュニケーションでは、実は非言語的な手段で伝達される情報の方が多い場合もあります。非言語的な手段の例としては、視線や表情、対人距離、ジェスチャーなどです。中でも表情は感情状態を反映するので、悲しいとき、嬉しいときなどは無意識かつ無意図的にそれが表情にでて、相手に伝達されます。また、表情は程度差こそあれ、文化普遍的な要素も有しているので（たとえば、うれしい時の表情は多くの文化圏で口角が上がります）、ことばがうまく通じない異文化間でのコミュニケーションにも役立ちます。相手と親密で良好な関係を築く際には、非言語的な手段を通した情報伝達が必要不可欠です。

非言語的な手段を用いて私たちは豊かな情報交換を行っている一方で、相手に何かを正確に理解してもらいたい、論理的に何かを伝えたいという場合はことばに頼らざるを得ません。「悲しい」、「うれしい」という状態は表情から相手に読み取ってもらうことができたとしても、なぜ悲しいのか、なぜうれしいのかについては、ことばを使ったほうが誤解なく相手に伝えられる可能性が高いです。大事に思っている相手との関係を見直したいときは、表情などから「察して」もらおうとするのではなく、ことばで、そしてできれば論理的に、相手に伝えたほうが直接的で誤解のないコミュニケーションにつながるでしょう。第4章でふれたように、先生や保護者に勝手にいろいろ決められたり、自分のことをすべてわかっているかのような言動をされて嫌な気持ちになった時も、最初から背を向けて黙り込んだり、諦めたりするのではなく、まずは自分の考えを、ぜひことばで伝えてみてください（もちろん先生や保護者は、そのことばを真剣に受け取める必要があります）。

自分の考えをことばで発信するには勇気がいります。なぜかというと、その発言を聞いた人たちから評価、つまり、良い―悪い、好き―嫌い、賛成―反対というようなジャッジをされやすいからです。

たとえば、髪型に関する中学校の校則は現在の事情にそぐわないから変更されるべきだ、とあなたが思っているとしましょう。それを同級生たちの前で発言した時に、「あと数年我慢すれば済む話なのになんでそんなことにムキになるのだ」というような冷ややかな反応をされるとやはりショックです。言わなければよかったと後悔するかもしれません。しかし同時に、賛同者や仲間も見つかるでしょう。あなたの発言内容が論理的で一貫したものであればあるほど、理解を得られるチャンスは増えるはずです。何も発言しなければ何も起こりません。変えたいと思うのであれば、やはり、ことばを使って周囲へ自分の考えを伝えることから始めるほかないのです。いきなり多くの人に発信するのが不安な場合は、近しい人たちにまずは相談してみて、仲間を少しずつ増やしていくこともできます。

なお、ある人と意見の違いがあることと、その人を好きか嫌いかということとは別の話です。人と人、集団と集団との間で生じるもめごとやいざこざは、「葛藤」という少し難しい言葉で言い換えることができます。意見の相違は課題葛藤、好き嫌いなどの仲違いは関係葛藤と呼ばれています。課題葛藤は、より良いアイデアを生み出すきっかけになったり、合意に向けた話し合いの満足度を高めたりします。一方で関係葛藤は、ストレスや緊張感を高めます。私たちは「意見が合わないからあの人のことは嫌い」、「あの人のことは嫌いだからどんなアイデアを発信しようが反対」、というふうに、どちらかの葛藤が高くなるともう一方も高くなると認識しがちです。

ひとたび関係葛藤を認識してしまうと、話し合いに消極的になり、解決に向けた行動がとられにくくなってしまいます。そのため、2種類の葛藤は別のものなのだということを理解する必要があります。「あの人のことは好きじゃないけどこのアイデアには賛成」、「いつもは仲良しだけどこの意見には反対」という態度もあり得ることをぜひ覚えておきましょう。

格差など、社会のレイヤーの課題を解決しようとする時も、まずは多くの人たちの間で問題が共有される必要があります。たいていの場合は、社会的に不利な集団に属する人たち（たとえば、第4章で説明したような、日本社会における女性やアメリカ社会における黒人）が団結し、声を上げることがスタート地点となります。しかし不利な集団からの訴えだけでは、なかなか社会全体の変化につながらないのが現実です。なぜなら、恵まれた集団に所属する人たちは現状維持によって利益が得られているため、変化の必要性を感じにくく、変えたくないと思っているかもしれないからです。

では現状に問題がないと考える人たちに対して、どのように働きかけ、変化を生み出せばいいのでしょうか。ここでも不確実さと付き合うために説明した方法が役に立つはずです。データを示しながら、長期的な視点に基づく個人、社会の利益に焦点を当てた議論をするということです。ここでの個人の利益というのは、不利な集団に所属する人たちだけではなく、恵まれた集団に所属する人たちも含みます。第5章で取り上げた気候変動の問題を例にすると、温暖化が実際に生じているデータを示しながら、従来のエネルギー手段や消費に原因があることを指摘しつつ、エネルギー手段の転換や省エネが、将来的に個人や社会にどのような利益をもたらすのかを伝えるということになります。また、現状恵まれた集団に所属する人たちには、社会的な評判や評価の側面から、あなた個人にも実質的な利益があるのだと訴えることも1つの手段になりえます。変化に伴って相手が感じる不安をできる限り取り除くための情報を提供する準備をしておくことも重要でしょう。

変化を生むマスメディア・政治の力

本章では、長期的な視点に立って、不安や不確実性を低減し、個人や社会の利益を強調しながら、複数のレイヤーに実在する課題を解決していく重要性について触れてきました。ただし同時に、日本人は長期的な視点を持ちにくいこともお伝えしました。それゆえ、遠い将来の利益について言及しても、その価値について十分に評価されないという状況が発生しえます。また、個人や一部の人たちで構成される集団の力だけで、社会全体の問題を解決するには限界があります。そうした問題の解決にあたり、マスメディアや政治（政策）は、社会のレイヤーに直接働きかける力を持っています。これについて少しだけ触れておきましょう。

テレビや新聞、雑誌など、いわゆるオールドメディアと呼ばれる報道媒体は、多くの人にとって日常では直接交わる機会がない個人や特定の社会集団が抱える困りごと、社会の状況や国際情勢について一度に多くの人たちに向けた情報発信ができます。

若い世代の人たちを中心に、近年ではオールドメディアに接触する機会が減っているようですが、テレビを情報源とする人たちはまだまだ多く存在します。２０２０年10月から12月にかけて、全国の16歳以上の人たち３６００人を対象に実施された「全国メディア意識世論調査・２０２０」によると、テレビは「世の中の動きや出来事を知るために接触するメディア」として66％の人たちに選択されており、Instagram や YouTube を大きく引き離しています。また２０１９年9月に日本でデータが収集された第7回世界価値観調査（有効回答数１３５３）では、テレビニュースを情報源とする頻度として「毎日」と回答した人は89・８％、48カ国中1位でした。こういった数値を見る限り、マスメディアが社会の問題を掘り下げ、問題解決の必要性を一度に多くの人たちに伝える潜在的な力を持っているのは間違いありません。

それに対し、政治は社会における不確実性を低減し、人々の不安を和らげ、長期的な視点をもてるようにサポートしうる力を持っています。新型コロナウイルス感染拡大に伴う給付金や企業に対するサポート、ワクチン接種のスケジュールの公開などは、国民の不安の増大を抑制し、長期的な視点を提供するために一定の効果を発揮したと考えられます。

加えて、法律や制度は、社会集団の利害関係に影響されずに社会全体を一度に動かす強い力を持っています。その一例として、2021年6月の育児・介護休業法の改正が挙げられます。改正法は2022年4月から段階的に適用され、2022年10月からは、父親が「産休」を取れる制度が新設されました。また、2023年4月からは、従業員の数が1000人を超える企業に対して育児休業取得率の公表が義務づけられます。企業は社会からの評判を重視しますから、育休取得率の低さが評判を低める要因になりうるとすると、従業員に対して積極的に産休や育休を取得するように促すでしょう。そうすることによって、これまで主に女性が直面してきた産休・育休による昇進の問題などが男性にも生じることが予想されます。立場の弱い特定の社会集団の中だけの問題としてではなく、社会全体の問題として認識されることで、子育て中のすべての人にとって働きやすい環境が整備されていくことが期待できます。

法律や制度を作り、社会を変えていく大きな力をもつのが、国の立法機関である国会であり、国民の代表である国会議員です。国会議員は国民が選挙で選びます。残念ながら現状の投票率は高いとは言えず、特に若い人たちの間では低調のようです。自分の心と自分が暮らす社会は相互に関連することを意識し、ぜひ長期的な視点にたって、マスメディアや政治のあり方、そして自分が社会にどう参加していくのか、関心を持ってみてください。

おわりに

第1章から第5章までで、社会心理学の研究紹介を通して、できる限り体系的に、心と社会のつながりについて説明してきました。そして第6章では、社会の中で「私」として行動するためにできることを考えました。

社会心理学の知見について紹介すると、「では、この問題にはどう対応すれば正解ですか？」と尋ねられることがあります。目の前の問題を解決する具体的な方法について検討することも大事ですが、複雑な人間関係や社会的な問題が、何か1つの行動によってすべて円満に解決するということはほとんどありません。また、解決までには長く時間がかかることもあります。なぜその問題が起こっているのか、私たちの「心のクセ」によって生じたミス・コミュニケーションが、どのレイヤーに存在しているのか、ということにもぜひ目を向けてみてください。複雑で入り組んだコミュニケーションの問題を要素要素に紐解いていく作業を通して、なにか解決の糸口が見つかるかもしれません。そしてこの一連のプロセスこそが、「社会心理学から考える」ことの強みであると私は考えます。明日からのみなさんが「私」としてどう考え、行動するか、この本の内容が少しでも役に立てばいいなと思っています。

あとがき

本書を読んでいただきありがとうございました。

私が社会心理学という学問に興味を持ったのは、大学学部時代に受講した「社会心理学」の授業でした。当時は心理学に対して、カウンセリングやメンタルヘルスといった、何か困りごとを抱えている人のための学問という単純なイメージをもっていました。しかし実際は、学習心理学、教育心理学、生理心理学、組織心理学、発達心理学、犯罪心理学（50音順）……のように、多くのサブ領域をもつ、大きな学問領域でした。社会心理学はその点でいうと当初抱いていた心理学に対するイメージとは異なり、状況の力を意識しながら、多くの人たちに当てはまる行動傾向を明らかにすることを目的とします。そしてそのような目的のもとで行われる実験は、研究者の創意工夫が凝らされたものが多く、複雑な社会で生きる私たち人間の行動をこんなふうに抽象化し、研究するのだなと、ワクワクしたことを思い出します。

人の行動一般に対する社会心理学的な知識は、キーボードのホームポジションや、テニスで言うところの「打ったらセンターに戻る」に似ているように思います。目の前の相手がどう反応するかはわからないけれど、まずはこう接してみよう。やってみたけどうまく行かないから、いつもの方法からちょっと接し方を変えてみよう。このように、他者とのコミュニケーションを始める時のデフォルト（標準値）となる知識を提供してくれるようなイメージです。本書でその一部をうまく紹介できていれば、と願っています。

なお、本書で取り上げたトピックは、個人―集団―社会という階層をイメージして構成していますが、それらは社会心理学が扱う一部の内容に過ぎません。また、できるだけわかりやすくすることを優先したため、説明や議論が中途半端になってしまっている部分もあるかもしれません。そのような至らない点があれば、お詫びします。と同時に、この本を読んで社会心理学に興味を持ってくださった方は、ぜひ関連書籍、専門書を手にとってみてください。より詳しく、精緻な議論が行われている良書がたくさんあります。この本がきっかけとなって、多くの方が社会心理学に興味を持ってくだされればこの本を書いた目的の1つが達成されます。

さて、大学の授業を受けて社会心理学に興味を持ち、その後、対人社会心理学研究室の院生となり、途中で結婚や出産を経て研究活動に復帰し、職を得て、今現在この「あとがき」を書くに至るまでに、実に多くの方々にお世話になりました。ご指導くださった先生方、研究室や学会等で議論をしてくださったみなさま、共に研究を進めてくださった／進めている諸先生方、研究参加者のみなさま、子どもの成長を見守ってくださった保育園や小学校の先生方、子育ての苦しみ、悩み、そして少しの喜びや楽しさ、おもしろさをともに分かち合った／合っているご近所のお父さん、お母さん。ここまで私とさまざまな形で関わってくださったみなさまにお礼申し上げます。なお本書で触れた、私が中心となって実施した公正世界信念や公正推論に関する研究は、すべて現・大阪大学大学院人間科学研究科の三浦麻子先生との共同研究です。長男が2歳、双子が0歳という（図6－1からもわかる通り、ある意味悲惨な）状況の私を博士研究員として受け入れ、研究活動を手厚くサポートしてくださったことに、あらためて感謝いたします。

これまで学術論文や専門書の分担執筆などを中心に活動をしてきたこともあり、当初は約9万字にわたって、しかも多くの人にとって読みやすい文章で、自分の専門分野や研究のことについてうまく説明できるのかと大変不安に感じました。一方で、自分の子どもたちやそのお友だちにも手にとってもらえるような、社会心理学の考え方をベースにした本を書ける機会をいただけたことをうれしくも思いました。中学生から大人までが手にできる本にするための丁寧なアドバイス、ならびに絶妙のタイミングで原稿の進捗を確認、管理してくださった筑摩書房の橋本陽介さんには心から感謝しております。

中高生に向けた新書の執筆に挑戦したいと思ったきっかけは、私の場合、自分の子どもたちの存在でした。これからさまざまな場面で、さまざまなコミュニケーションを経験することと思います。うまくいくこともあれば、うまくいかないこともあるでしょう。その際に、この本の内容、つまりコミュニケーションの問題を、レイヤーを意識しながら要素要素に分解し、理解していくという考え方が、少しでも役に立てばと思います(今の所、実際に読んでくれるかどうかは怪しいですが……)。

実は第6章で、最後まで書くか書かないでおくか迷った箇所があります。私はたいていのことは迷いなく自分ひとりで決めてしまうのですが、そこだけは、書くことで誤解されたり押し付けがましく思われたりするのではないかと不安になりました。そのことを夫に少し話したところ、「ことばで伝えようと言っておいて書かないのは変」と言われハッと自己矛盾に気づき、すっきりと、書くという結論に至れました。3男児、うち2人は一卵性双生児という、チャレンジングな子育てをともに遂行しつつ、いつも困ったときには助けてくれる、そして本書を書き進めるための心と時間の余裕を作ってくれた夫に感謝します。

※本書で紹介した研究の一部は、以下の助成を受けて実施されました。

- 平成25年度〜平成27年度　日本学術振興会科学研究費助成事業授業（若手研究（B）、課題番号：25780381、研究代表者：村山綾）
- 平成28年度〜30年度　日本学術振興会科学研究費助成事業（若手研究（B）、課題番号：16K17300、研究代表者：村山綾）
- 令和元年度〜令和3年度　日本学術振興会科学研究費助成事業（基盤研究（C）、課題番号：19K03218、研究代表者：村山綾）

参考文献

第1章

Fiske, S. T., & Taylor, S. E.（2008）. Social Cognition: From Brains to Culture. New York: McGraw-Hill.（宮本聡介・唐沢穣・小林知博・原奈津子（訳）（2013）『社会的認知研究――脳から文化まで』北大路書房）

Heider, F.（1958）. The Psychology of Interpersonal Relations. Kansas, USA: John Wiley & Sons, Inc.（大橋正夫（訳）（1978）『対人関係の心理学』誠信書房）

Kelley, H. H.（1973）. The processes of causal attribution. American Psychologist, 28: 107-128.

Markus, H.R., Uchida, Y., Omoregie, H., Townsend, S., & Kitayama, S.（2006）. Going for the gold: Models of agency in Japanese and American contexts. Psychological Science, 17, 103-112.

増田貴彦・山岸俊男（2010）『文化心理学――心がつくる文化、文化がつくる心（上）』培風館

Miller, J. G.（1984）. Culture and the development of everyday social explanation. Journal of Personality and Social Psychology, 46（5）, 961-978.

Weiner, B.（1979）. A theory of motivation for some classroom experiences. Journal of Educational Psychology, 71（1）, 3-25.

第2章

Devereux, P. G., Miller, M. K., & Kirshenbaum, J. M. (2021). Moral disengagement, locus of control, and belief in a just world: Individual differences relate to adherence to COVID-19 guidelines. Personality and individual differences, 182, 111069.

Hafer, C. L., Bègue, L. (2005). Experimental research on just-world theory: Problems, developments, and future challenges. Psychological Bulletin, 131, 128–167.

公益社団法人日本心理学会倫理委員会（編）（2019）倫理規定　第3版

Lerner, M. J. (1980). The belief in a just world: A fundamental delusion. New York: Plenum Press.

Lerner, M. J., & Simmons, C. H. (1966). Observer's reaction to the "innocent victim": Compassion or rejection? Journal of Personality and Social Psychology, 4 (2), 203–210.

Maes, J. (1998). Immanent justice and ultimate justice: Two ways of believing in justice. In L. Montada, & M. J. Lerner (Eds.), Responses to victimizations and belief in a just world. pp. 9–40. New York: Plenum Press.

Milgram, S. (1974). Obedience to authority. New York: Harper & Row（山形浩生（訳）（2012）『服従の心理』河出書房新社）

村山綾・三浦麻子（2015）「被害者非難と加害者の非人間化――2種類の公正世界信念との関連」『心理学研究』86、1-9

第3章

Callan, M. J., Ferguson, H. J., & Bindemann, M. (2012). Eye movements to audiovisual scenes reveal ex-

pectations of a just world. Journal of Experimental Psychology General, 142, 34–40.
Callan, M.J., Harvey, A. J., Dawtry, R. J., Sutton, R. M. (2013). Through the looking glass: Long-term goal focus increases immanent justice reasoning. British Journal of Social Psychology, 52, 377–385.
藤島喜嗣・樋口匡貴（2016）「社会心理学における"p-hacking"の実践例」『心理学評論』59、84－97
Gelfand M. J., et al. (2011). Differences between tight and loose cultures: A 33-nation study. Science 332:1100–1104.
Harvey, A. J., & Callan, M. J. (2014). The role of religiosity in ultimate and immanent justice reasoning. Personality and Individual Differences, 56, 193–196.
ISSP Research Group. (2018). International Social Survey Programme: Religion III - ISSP 2008. GESIS Data Archive, Cologne. ZA4950 Data file Version 2.3.0, https://doi.org/10.4232/1.13161
Murayama, A., & Miura, A. (2016). Two types of justice reasoning about good fortune and misfortune: A replication and beyond. Social Justice Research, 29, 331–344.
Murayama, A. & Miura, A. (2021). Religiosity and Immanent Justice Reasoning: A Replication Study in Japan and the U.S. Japanese Psychological Research. https://doi.org/10.1111/jpr.12367
Murayama, A., Miura, A. and Furutani, K. (2021), Cross-cultural comparison of engagement in ultimate and immanent justice reasoning. Asian Journal of Social Psychology. https://doi.org/10.1111/ajsp.12510
西久美子（2009）「"宗教的なもの"にひかれる日本人――ISSP国際比較調査（宗教）から」『放送研究と調査』5月号、66－81

第４章

Fiske, S. T., Cuddy, A. J. C., Glick, P., & Xu, J.（2002）. A model of（often mixed）stereotype content: Competence and warmth respectively follow from perceived status and competition. Journal of Personality and Social Psychology, 82, 878–902.

Hsieh, W., Faulkner, N., & Wickes, R.（2021）. What reduces prejudice in the real world? A meta-analysis of prejudice reduction field experiments. British Journal of Social Psychology, 00, 1–22. https://doi.org/10.1111/bjso.12509

本間道子（2011）『集団行動の心理学――ダイナミックな社会関係のなかで』サイエンス社

池上知子（2014）「差別・偏見研究の変遷と新たな展開」『教育心理学年報』53、133－146

Judd, C. M., James-Hawkins, L., Yzerbyt, V., & Kashima, Y.（2005）. Fundamental dimensions of social judgment: understanding the relations between judgments of competence and warmth. Journal of personality and social psychology, 89（6）, 899–913. https://doi.org/10.1037/0022-3514.89.6.899

Kervyn, N, Bergsieker, H B. Grignard, F, Yzerbyt, Y.（2016）. An advantage of appearing mean or lazy: Amplified impressions of competence or warmth after mixed descriptions, Journal of Experimental Social Psychology, 62, 17–23.

北村英哉、唐沢穣（編）（2018）『偏見や差別はなぜ起こる？――心理メカニズムの解明と現象の分析』ちとせプレス

Muzafer Sherif, O. J. Harvey, B. Jack White, William R. Hood, Carolyn W. Sherif（1954/1961）. Intergroup Conflict and Cooperation: The Robbers Cave Experiment.

佐久間勲（2015）「社会集団に対するイメージ――ステレオタイプ内容モデルの検討」『生活科学研究』37、

67-75
全国保険医新聞（2021）「入試差別はなくなったのか　医療界の不平等深刻　齊藤女性部長に聞く」（２０２１年７月５日）Retrieved from: https://hodanren.doc-net.or.jp/news/iryounews/210705_sisk2_gme.html（2022.3.31）
World Economic Forum（2021）Global Gender Gap Report 2021. Retrieved from: https://jp.weforum.org/reports/global-gender-gap-report-2021（2022.3.31）

第５章

CNN.co.jp. 2021.6.13.「４つのグラフから見る　米国の黒人と白人の格差」Retrievied from: https://www.cnn.co.jp/business/35172251.html 2022.6.17
García-Sánchez, E., Correia, I., Pereira, C. R., Willis, G. B., Rodríguez-Bailón, R., & Vala, J.（2022）. How Fair is Economic Inequality? Belief in a Just World and the Legitimation of Economic Disparities in 27 European Countries. Personality and Social Psychology Bulletin, 48（3）, 382-395.
池上知子（2012）『格差と序列の心理学――平等主義のパラドクス』ミネルヴァ書房
池上知子・大澤裕美佳（2015）「相補的世界観による学歴社会システム正当化の抑制要因――学歴決定論に関する信念の強度との関連」『日本心理学会第79回大会論文集』114
時事通信社２０２１年９月23日「ワクチン格差一層拡大　アフリカ、接種完了３％―新型コロナ」Retrieved from: https://www.jiji.com/jc/article?k=2021092500358&g=int 2022.6.17.
Jost, T.（2020）. A Theory of System Justification. Harvard University Press.（北村英哉・池上知子・沼崎誠　監訳（2022）『システム正当化理論』ちとせプレス）

Jost, J. T., Glaser, J., Kruglanski, A. W., & Sulloway, F. J. (2003). Political conservatism as motivated social cognition. Psychological Bulletin, 129 (3), 339–375.
Kay, A.C., & Jost, J.T. (2003). Complementary justice: Effects of “poor but happy” and “poor but honest” sterotype exemplars on system justification and implicit activation of the justice motive. Journal of Personality and Social Psychology, 85, 823–837.
Kay, A.C., Jost, J.T., & Young, S. (2005). Victim derogation and victim enhancement as alternate routes to system justification. Psychological Science, 16, 240–246.
村山綾・三浦麻子（2021）「日本人は何を変えたくないのか――社会変化の受容に関する国際比較」『日本社会心理学会第62回大会論文集』171
OECD.org（2020）「男女間賃金格差」(Gender wage gap). Retrieved from: https://www.oecd.org/tokyo/statistics/gender-wage-gap-japanese-version.htm 2022.6.17
八木絵香（2021）「気候変動問題をめぐる変化への抵抗――ミニ・パブリックスを通じた検討」『心理学ワールド』93、27－28

第6章

Allport, G. W., & Postman, L. (1946). An analysis of rumor. Public Opinion Quarterly, 10, 501–517.
大坊郁夫（1998）『しぐさのコミュニケーション――人は親しみをどう伝えあうか』（セレクション社会心理学）サイエンス社
Danziger, S., Levav, J., & Avnaim-Pesso, L. (2011). Extraneous factors in judicial decisions. Proceedings of the National Academy of Sciences of the United States of America, 108 (17), 6889–6892. https://

doi.org/10.1073/pnas.1018033108
電通総研・池田謙一（編）（2022）『日本人の考え方　世界の人の考え方Ⅱ』勁草書房
Fujita, K., Trope, Y., Liberman, N., & Levin-Sagi, M. (2006). Construal levels and self-control. Journal of Personality and Social Psychology, 90, 351-367.
Murayama, A., Ryan, C. S., Shimizu, H., Kurebayashi, K., & Miura, A. (2015). Cultural Differences in Perceptions of Intragroup Conflict and Preferred Conflict-Management Behavior: A Scenario Experiment. Journal of Cross-Cultural Psychology, 46, 88-100.
Rosnow, R. L. (1988). Rumor as communication: A contextualist approach. Journal of Communication, 38, 12-28.
斉藤孝信・平田明裕・内堀諒太（2021）「多メディア時代における人々のメディア利用と意識――「全国メディア意識世論調査・2020」の結果から」『放送研究と調査』９月号、２－41 Retrieved from: https://www.nhk.or.jp/bunken/research/yoron/pdf/20210901_6.pdf

ちくまプリマー新書

404 やらかした時にどうするか　畑村洋太郎

どんなに注意しても、失敗を完全に防ぐことはできない。ピンチはチャンス！　失敗を分析し、糧にする方法を身につけて、果敢にチャレンジできるようになろう！

397 ようこそ、心理学部へ　同志社大学心理学部編

犯罪から食欲、記憶から感情までを扱い、生理的仕組みを解明し日常的な行動の改良を目指す――。深くて広い心理学の多様な世界を講義形式で紙上体験する入門書。

392 「人それぞれ」がさみしい――「やさしく・冷たい」人間関係を考える　石田光規

他人と深い関係を築けなくなったのはなぜか――相手との距離をとろうとする人間関係のありかたや、「人それぞれ」の社会に隠れた息苦しさを見直す一冊。

363 他者を感じる社会学――差別から考える　好井裕明

他者を理解しつながろうとする中で、生じる摩擦熱のようなものが「差別」の正体だ。「いけない」と断じて終えるのでなく、その内実をつぶさに見つめてみよう。

403 私たちはどう学んでいるのか――創発から見る認知の変化　鈴木宏昭

知識は身につくものではない⁉　実は能力を測ることは困難だ⁉　「学び」の本当の過程を明らかにして、教育現場によってつくられた学習のイメージを一新する。

ちくまプリマー新書

412
君は君の人生の主役になれ
鳥羽和久
管理社会で「普通」になる方法を耳打ちする大人の中で育ち、安心を求めるばかりのあなたは自分独特の生き方を失っている。そんな子供と大人が生き直すための本。

409
ウンコの教室
――環境と社会の未来を考える
湯澤規子
学校のトイレに行けない問題からSDGsまで、ウンコから未来を考える。衣食住に「便」を入れると見えるものとは。文理、歴史の壁を越えた探究の旅に出かけよう。

353
はずれ者が進化をつくる
――生き物をめぐる個性の秘密
稲垣栄洋
「平均の人間」なんて存在しない。個性の数は無限大。生き物各々が異なっているのには理由がある。唯一無二の生命をつなぐための生存戦略がここにある。

414
「気の持ちよう」の脳科学
毛内拡
心が弱っているのは「脳」の調子が悪いだけかも？――あいまいで実体のなさそうな「心」を脳科学から捉えなおして、悩みにとらわれすぎない自分になろう。

401
学校はなぜ退屈でなぜ大切なのか
広田照幸
「道徳は教えられるか」「学校の勉強は仕事に役立つか」「教育は格差を解消できるか」「ＡＩ社会で教育は変わるか」――広い視点と多様な角度からとらえなおす。

chikuma primer shinsho

ちくまプリマー新書418

「心のクセ」に気づくには　社会心理学から考える

二〇二三年一月一〇日　初版第一刷発行

著者　村山綾（むらやま・あや）

装幀　クラフト・エヴィング商會

発行者　喜入冬子

発行所　株式会社筑摩書房
東京都台東区蔵前二-五-三　〒一一一-八七五五
電話番号　〇三-五六八七-二六〇一（代表）

印刷・製本　株式会社精興社

ISBN978-4-480-68442-4 C0211　Printed in Japan